Stefanie Noé

Motivtorten

ausgefallen
& einzigartig

Impressum

© Compact Verlag GmbH
Baierbrunner Straße 27, 81379 München

Alle Rechte vorbehalten. Nachdruck, auch auszugsweise,
nur mit ausdrücklicher Genehmigung des Verlages gestattet.
Alle Angaben wurden sorgfältig recherchiert, eine Garantie
kann jedoch nicht übernommen werden.

Text: Stefanie Noé
Chefredaktion: Dr. Matthias Feldbaum
Redaktion: Isabel Martins
Produktion: Ute Hausleiter
Abbildungen Innenteil: Heike Giesler photography; außer Seiten 6, 7, 8 u.,
13, 78 (Bilder 12–15), 80 (Bilder 26 und 27), 84 (Bilder 50 und 51),
87 (Bilder 1–5), 139 (Bild 15) von Stefanie Noé
Illustrationen Innenteil: fotolia.com orangeberry (Hinterlegung)
und PureSolution (Tortenstücke)
Titelabbildung: Heike Giesler photography
Gestaltung: h3a GmbH, München
Umschlaggestaltung: red.sign GbR, Stuttgart

ISBN 978-3-8174-9919-9
381749919/1

www.compactverlag.de

Inhalt

Vorwort 4
Grundlagen 6
Rezepte 6
Equipment 10
Techniken 14
Tipps und Tricks ... 20
Accessoires 23

Crazy Cakes

Frühling 26
Schäfchentorte 34
Tauftorte 42
Eulentorte ....

Sommer
Grilltorte 52
Fußballtorte 58
Gartentorte 66
Hochzeitstorte 76

Herbst 86
Herztorte 92
Kochtopftorte 98
Stricktorte 104
Halloweentorte ....

Winter
Pinguintorte 112
Arzttorte 122
Rentiertorte 130
Weihnachtssterntorte . 136

Register 142
Danksagung 144
Über die Autorin 144

Für Papa

Ich lade euch ein in die Welt des Cake Designs!

Videotipp
Willkommen in der Welt des Cake Designs!

Gebacken habe ich immer gerne, und das schon als kleines Kind. Diese Liebe ist bis heute geblieben, nur kam dann vor einigen Jahren noch die Leidenschaft für das Dekorieren ausgefallener Torten mit Fondant dazu. Jeden Tag entdecke ich aufs Neue, wie vielseitig bunt und verrückt mein Hobby sein kann. Und das möchte ich hier mit euch teilen.

VORWORT

In meinem ersten Buch werde ich euch die Grundlagen zum Dekorieren individueller Torten mit Fondant, einer weichen Zuckermasse, näherbringen. Denn wer will nicht mit etwas selbst Gebackenem, das ganz auf den Beschenkten zugeschnitten ist, einem Menschen ein Lächeln ins Gesicht zaubern? Dafür muss man kein Profi, kein gelernter Konditor sein, denn jeder kann mit etwas Kreativität und einem Hauch Liebe wundervolle Torten selbst gestalten.

In diesem Buch werde ich euch zunächst Leckeres aus dem Rezeptbuch meiner Oma vorstellen. Diese Rezepte sind mir sehr ans Herz gewachsen. Und schließlich sollen die Torten nicht nur hübsch aussehen, sondern auch den Magen erfreuen. Ich verbinde gerne das traditionelle Backen mit dem trendigen Cake Design. Dadurch entsteht etwas, das lecker schmeckt und zugleich etwas fürs Auge ist.

Außerdem erfahrt ihr hier alles rund um Fondant, mit dem die Torten dekoriert werden – von der eigenen Herstellung über das Einfärben bis hin zum richtigen Umgang mit dieser Zuckermasse. Dann geht es natürlich auch um die Handhabung des Arbeitswerkzeugs, das benötigt wird. Ich zeige euch Techniken, wie man eine Torte „fondanttauglich" macht und was man vor dem eigentlichen Dekorieren alles beachten sollte.

Im Hauptteil des Buches stelle ich euch ganz unterschiedliche Torten für jede Jahreszeit und für verschiedene Anlässe vor. Für jeden ist da etwas dabei, egal ob man zum ersten Mal mit Fondant arbeitet oder schon fortgeschritten ist. Die Schwierigkeitsstufen werden bei den jeweiligen Torten angegeben.

Die wichtigste Botschaft, die ich mit diesem Buch vermitteln möchte, ist sowieso: Traut euch! Übung macht den Meister. Eurer Kreativität und Fantasie sind hier keine Grenzen gesetzt!

In diesem Sinne:
„Fantasie ist wichtiger als Wissen,
denn Wissen ist begrenzt."
(Zitat von Albert Einstein)

Eure

Stefanie

> Wer noch mehr über mich wissen will, der schaut einfach in meinem Blog crazybacknoe.blogspot.de vorbei oder ihr besucht mich auf Facebook unter Crazy BackNoé!

Grundlagen

GRUNDLAGEN

In diesem Kapitel möchte ich euch die Grundlagen, die für eine Motivtorte benötigt werden, vorstellen. Zuerst werdet ihr leckere Rezepte für Kuchen und Torten entdecken, die für das Cake Design geeignet sind. Denn die Torte soll ja nicht nur gut aussehen, sondern auch schmecken. Auch Rezepte für Füllungen und Ganache sowie für Fondant und Blütenpaste, die für das Dekorieren benötigt werden, werden natürlich nicht zu kurz kommen.

Außerdem stelle ich euch die Werkzeuge vor, die ich als sinnvoll erachte. Techniken, die die Vorbereitung der Torte für das Dekorieren angehen, möchte ich euch im nächsten Punkt erklären. Das Kapitel wird dann mit Tipps und Tricks rund um das Thema Cake Design sowie mit der Vorstellung einiger Accessoires aus Fondant geschlossen.

Rezepte

Sprudelkuchen nach Oma Linchen

Unter meiner allerersten Motivtorte hatte sich der Sprudelkuchen meiner Oma versteckt. Schon als Kind habe ich mich nämlich immer lange im Voraus auf diesen sehr saftigen Rührkuchen gefreut. Damals hat ihn meine Oma zwar nicht mit Fondant dekoriert, dafür aber hübsch mit Puderzucker bestreut.

Zutaten:
- 5 Eier (Größe M)
- 300 g Zucker
- 1 Päckchen Vanillezucker
- 75 g Kakaopulver
- 200 g gemahlene Nüsse
- 230 g Mehl (Type 405)
- 1 Päckchen Backpulver
- 75 ml neutrales Öl
- 180 ml natürliches Mineralwasser mit Kohlensäure
- Fett für die Form

Zubereitung:
Alle Zutaten nacheinander zu einem Rührteig verarbeiten und in eine gefettete Springform mit 26 cm Durchmesser füllen. Im vorgeheizten Ofen bei 160 Grad Umluft (180 Grad Ober- und Unterhitze) ca. 50 Minuten backen.

Variation:
Einige gehackte Walnüsse und etwas kandierten Ingwer hinzufügen. Sehr lecker!

Tipp Den Kuchen nach dem Backen mit der Wölbung nach unten auf das Abkühlgitter legen; so wird die Wölbung geglättet. Grundsätzlich sollte man immer die Unterseite eines Kuchens zum Eindecken und Dekorieren verwenden.

REZEPTE

Zebrakuchen – schwarz-weiß

Um einen einfachen Rührkuchen optisch aufzuwerten, backe ich gerne einen Kuchen mit Zebramuster.

Zutaten:
- 5 Eier (Größe M)
- 300 g Zucker
- 1 Päckchen Vanillezucker
- 250 ml neutrales Öl
- 125 ml lauwarmes Wasser
- 375 g Mehl (Type 405)
- 1 Päckchen Backpulver
- 2 EL Kakaopulver
- Fett für die Form

Zubereitung:
Eier trennen. Eigelb mit Zucker und Vanillezucker schaumig rühren. Danach Öl und Wasser dazugeben und verrühren. Anschließend Mehl mit Backpulver darübersieben und unterrühren. Eiweiß steif schlagen und vorsichtig unter die Masse heben. Den Teig auf zwei Schüsseln aufteilen und unter eine Hälfte Kakaopulver rühren.

In die Mitte einer gefetteten Springform mit 26 cm Durchmesser 1 Schöpflöffel des hellen Teiges geben und darauf 1 Schöpflöffel des dunklen Teiges. Das Ganze so lange wiederholen, bis der Teig aufgebraucht ist. Im vorgeheizten Ofen bei 160 Grad Umluft (180 Grad Ober- und Unterhitze) 50–55 Minuten backen.

Variation:
Es darf auch gerne mal bunt sein, was garantiert auf Kindergeburtstagen bei Jung und Alt ein Lächeln aufs Gesicht zaubern wird.

Dann den Teig nicht mit Kakao einfärben und ihn auf vier Schüsseln aufteilen. Jede Teigportion mit einer anderen Lebensmittelfarbe (Gelb, Rot, Blau und Grün) einfärben. Nacheinander den Teig in die gefettete Form einfüllen. Es entsteht ein kunterbunter Regenbogenkuchen!

Videotipp
Zebrakuchen leicht gemacht!

Oma Klaras Biskuitrezept

Um eine Cremetorte zu backen, benötigt man zuerst einen Biskuitboden. Dazu habe ich schon oft Dinge gelesen wie „fällt zusammen" oder „wird nicht hoch". Damit hatte ich bisher keine Probleme, denn Oma Klaras Biskuitrezept gelingt einfach immer!

Zutaten:
- 6 Eier (Größe M)
- 6 EL lauwarmes Wasser
- 300 g Zucker
- 1 Päckchen Vanillezucker
- 300 g Mehl (Type 405)
- 1 Päckchen Backpulver
- Fett für die Form

Zubereitung:
Die Eier werden mit dem warmen Wasser schaumig geschlagen. Danach werden Zucker und Vanillezucker untergerührt und ca. 10 Minuten auf höchster Stufe geschlagen. Anschließend siebt man Mehl mit Backpulver und gibt es zum Teig.

GRUNDLAGEN

Den Teig dann nur kurz durchrühren. In eine gefettete Springform mit 26 cm Durchmesser füllen. Im vorgeheizten Backofen bei 160 Grad Umluft (180 Grad Ober- und Unterhitze) ca. 45 Minuten backen.

Variation:
Für einen Schokoladenbiskuit werden zusätzlich 5 EL Kakao hinzugefügt.

(Erdbeer-)Creme

Die Creme für eine Fondanttorte sollte recht fest sein, und die Torte sollte nicht zu hoch damit gefüllt werden, damit die Füllung durch das Gewicht der Dekoration nicht aus der Torte herausgedrückt wird. Ich benutze diese Creme gerne als Basis und variiere die Früchte je nach Saison. Auch kann anstelle der Erdbeeren alternativ Schokolade verwendet werden.

Zutaten:
- 250 g Erdbeeren
- 400 g Sahne
- 1 Päckchen Tortencremepulver
- etwas Puderzucker
- etwas abgeriebene Zitronenschale (unbehandelt)
- 400 g Naturjoghurt

Zubereitung:
Die Erdbeeren waschen, putzen und pürieren. Die Sahne steif schlagen. Das Tortencremepulver und etwas Puderzucker werden zuerst mit den pürierten Erdbeeren und der geriebenen Zitronenschale gut verrührt, dann wird der Naturjoghurt untergerührt. Zuletzt die Sahne unterheben und alles auf den Böden der Torte verteilen.

Die Creme reicht für eine Torte.

Variation:
Um die Creme anzudicken, kann man anstelle des Tortencremepulvers auch Gelatine (30 g Sofortgelatine in Pulverform oder 6–8 Blatt Gelatine zum Auflösen) verwenden.

Schokoladenganache

Ganache kann sowohl zum Füllen als auch zum Überziehen der Torte verwendet werden. Um meine Torten zu überziehen, verwende ich meistens Ganache. Aber warum braucht man überhaupt einen Überzug?

Dafür gibt es drei Gründe: Erstens damit der Fondant an der Torte haften

bleibt. Zweitens damit man eine glatte Fläche erhält und Unebenheiten ausgleichen kann. Drittens um den Fondant vor einer feuchten Creme zu schützen, denn bei einer Berührung damit würde er sich auflösen.

Zutaten:
- Ganache aus Zartbitterschokolade: 200 g Schokolade, dazu 200 g Sahne
- Ganache aus Vollmilchschokolade: 300 g Schokolade, dazu 200 g Sahne
- Ganache aus weißer Schokolade: 400 g Schokolade, dazu 200 g Sahne

Zubereitung:
Die Schokolade fein hacken und in eine Schüssel geben. Die Sahne kurz aufkochen, vom Herd nehmen und zur Schokolade gießen. Die Masse mit einem Kochlöffel glatt rühren, bis sich die Schokolade aufgelöst hat. Dann abkühlen lassen.

Die Ganache muss über Nacht ruhen, am besten in einem kühlen Raum wie dem Keller oder im Kühlschrank. Am nächsten Tag die Masse kurz in der Mikrowelle oder im Wasserbad erwärmen, bis sie eine streichfähige Konsistenz hat.

Ein Cremerezept reicht entweder als Außencreme oder als Füllung für eine Torte.

> *Tipp* Wird die Ganache als Füllung verwendet, sollte sie nach dem Abkühlen kurz mit dem Handrührgerät aufgeschlagen werden. Dabei wird das Volumen deutlich erhöht und die Torte lässt sich wunderbar füllen.

REZEPTE

Buttercreme

Eine Alternative zu Schokoladenganache ist Buttercreme. Sie kann ebenfalls als Außencreme oder als Füllung verwendet werden. Bereits in jungen Jahren konnte ich diese Creme an Tante Margots Igelkuchen oder dem Frankfurter Kranz von meiner Tante Moni genießen.

Zutaten:
- 500 g Vanillepudding
- 500 g Butter

Zubereitung:
Vanillepudding nach Anleitung auf der Packung kochen; dabei keinen kalt angerührten Pudding verwenden! Den Pudding abkühlen lassen und die Butter aus dem Kühlschrank nehmen; beides muss bei der Verarbeitung Zimmertemperatur haben.

Butter schaumig rühren. Die Haut vom Pudding entfernen, dann den Pudding nach und nach zur Butter geben und unterrühren.

Ein Cremerezept reicht entweder als Außencreme oder als Füllung für eine Torte.

Variation:
Die Creme mit Likör, geschmolzener Schokolade oder Aromaölen versetzen, um sie geschmacklich zu variieren.

> **Tipp** Werden Cremetorten im Kühlschrank gelagert, sollte eine Schüssel mit Salz danebengestellt werden, damit dieses die Feuchtigkeit im Kühlschrank anziehen kann und nicht der Fondant sie aufnimmt.

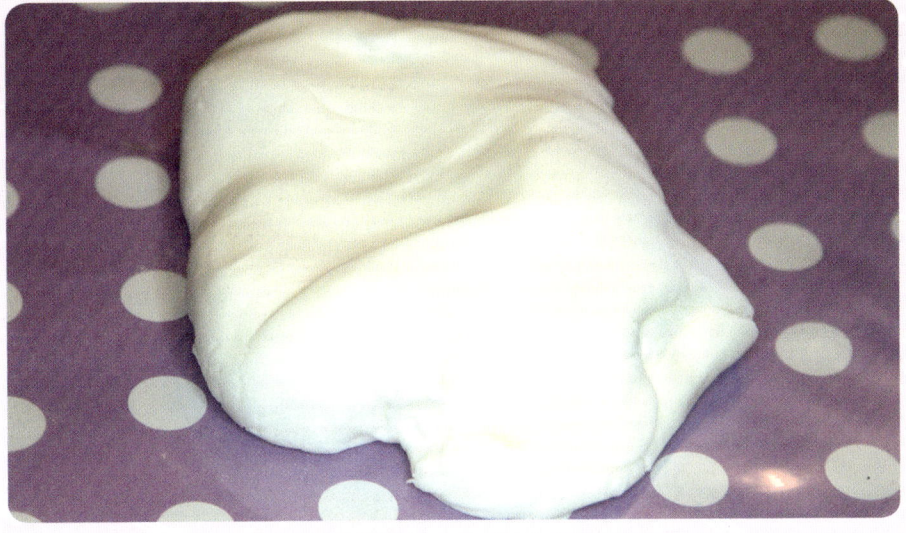

Rollfondant

Fondant ist eine Zuckermasse und lässt sich wunderbar als Überzug und zur Dekoration von Torten verwenden. Entweder kann Fondant in Tortenshops gekauft bzw. bestellt oder selbst hergestellt werden.

Rollfondant wird zum Eindecken von Torten verwendet. Ich stelle euch hier das Fondantrezept nach Monika von Tortentantes Tortenwelt vor, mit dem die Herstellung des Fondants einfach immer ohne Probleme gelingt!

Zutaten:
- 1 Päckchen Gelatinepulver
- 60 ml lauwarmes Wasser
- 170 g Glucose- oder Zuckersirup
- 1 TL Glycerin (z. B. in der Apotheke erhältlich)
- einige Tropfen Butter-Vanille-Aroma
- etwas Salz
- 1 kg gesiebter Puderzucker (um Klümpchenbildung zu vermeiden)

Zubereitung:
Gelatine mit dem Wasser in einen Topf geben und quellen lassen, dann das Ganze vorsichtig unter Wärme auflösen. Danach Sirup, Glycerin, Aroma und 1 Prise Salz hinzugeben. 700 g Puderzucker in eine Rührschüssel sieben und die Sirup-Gelatine-Mischung auf den Puderzucker geben.

Das Ganze wird nun mit den Knethaken der Küchenmaschine oder des Handrührgerätes auf höchster Stufe gründlich verknetet. Dann werden die übrigen 300 g Puderzucker auf die Arbeitsfläche gesiebt, der Fondant wird daraufgegeben und durchgeknetet.

Sobald alles eine homogene Masse ist, wird der Fondant luftdicht mit Frischhaltefolie verpackt; das ist wichtig, denn sonst trocknet der Fondant aus. Daher sollte er auch beim Arbeiten immer wieder luftdicht verpackt werden. Fondant vor der Weiterverarbeitung 1 Tag ruhen lassen.

> **Tipp** Den Fondant zur Aufbewahrung immer luftdicht verpacken. Er hält sich im Kühlschrank 4–5 Monate.

GRUNDLAGEN

Modellierfondant

Rollfondant wird zum Eindecken von Torten benutzt. Will man aber Figuren modellieren, sollte man das Bindemittel Carboxymethylcellulose mit einarbeiten, damit der Fondant mehr Festigkeit und Stabilität erhält.

Zutaten:
- 500 g Rollfondant
- 1 TL Carboxymethylcellulose (CMC-Pulver)

Zubereitung:
Rollfondant mit dem CMC-Pulver verkneten und vor der Weiterverarbeitung über Nacht luftdicht verpackt ruhen lassen.

> *Tipp* Wird der Fondant zu hart, kann Kokosfett untergeknetet werden. Wird er zu weich, etwas an der Luft liegen lassen oder mit etwas Puderzucker versetzen. Wichtig: Immer luftdicht verpacken, damit der Fondant nicht austrocknet!

Blütenpaste

Für filigrane Modellierungen wie zum Beispiel die Rosen nehme ich gerne Blütenpaste. Blütenpaste besteht hauptsächlich aus Puderzucker und dem Bindemittel CMC (Carboxymethylcellulose). Damit ist für eine große Stabilität gesorgt, außerdem trocknen die Modellierungen auch viel schneller aus. Deswegen immer aufpassen, dass die Blütenpaste luftdicht verpackt gelagert wird.

Zutaten:
- 2 Eiweiß (Größe M)
- 400 g gesiebter Puderzucker
- 8 TL Carboxymethylcellulose (CMC-Pulver)
- Kokosfett für die Arbeitsfläche

Zubereitung:
Das Eiweiß mit dem Handrührgerät oder in der Küchenmaschine auf höchster Stufe kurz aufschlagen. Dann die Geschwindigkeit etwas zurücknehmen und den Puderzucker langsam hinzufügen. Danach die Masse 2–3 Minuten wieder auf der höchsten Stufe rühren.

Anschließend die Geschwindigkeit reduzieren und das CMC-Pulver langsam einrieseln lassen. Die Masse erneut auf höchster Stufe rühren, bis das Ganze fester wird.

Die Blütenpaste auf einer mit Kokosfett eingefetteten Arbeitsfläche gut durchkneten. Die Blütenpaste vor der Weiterverarbeitung luftdicht verpackt über Nacht ruhen lassen.

Zuckerkleber

Um die Dekoration auf der Torte zu befestigen, kann man neben Wasser auch Zuckerkleber verwenden. Dieser Kleber lässt sich ca. 3 Wochen im Kühlschrank aufbewahren.

Zutaten:
- 100 ml Wasser
- ½ TL Carboxymethylcellulose (CMC-Pulver)

Zubereitung:
Das Wasser aufkochen und das CMC-Pulver einrühren. Über Nacht löst sich das Pulver auf und das Ganze erhält eine zähflüssige Konsistenz.

> *Tipp* Will man Torten aufeinanderstapeln, verwendet man am besten Eiweißspritzglasur, damit sie aufeinander kleben. Dafür rührt man 2 Eiweiß mit 500 g Puderzucker zu einer homogenen Masse.

Equipment

Mittlerweile gibt es sehr viele Werkzeuge und allerhand Cake-Design-Equipment fast überall zu kaufen, ob im Supermarkt, im Fachhandel oder im Onlineshop. Ich möchte euch hier das vorstellen, was ich als sinnvoll erachte.

Als Anfänger sollte man zuerst einmal daheim schauen, was man benutzen kann. Entscheidet man sich danach öfter dafür, Torten zu dekorieren, sollte man über die ein oder andere speziellere Anschaffung nachdenken. Im Folgenden stelle ich euch interessante und nützliche Werkzeuge vor.

EQUIPMENT

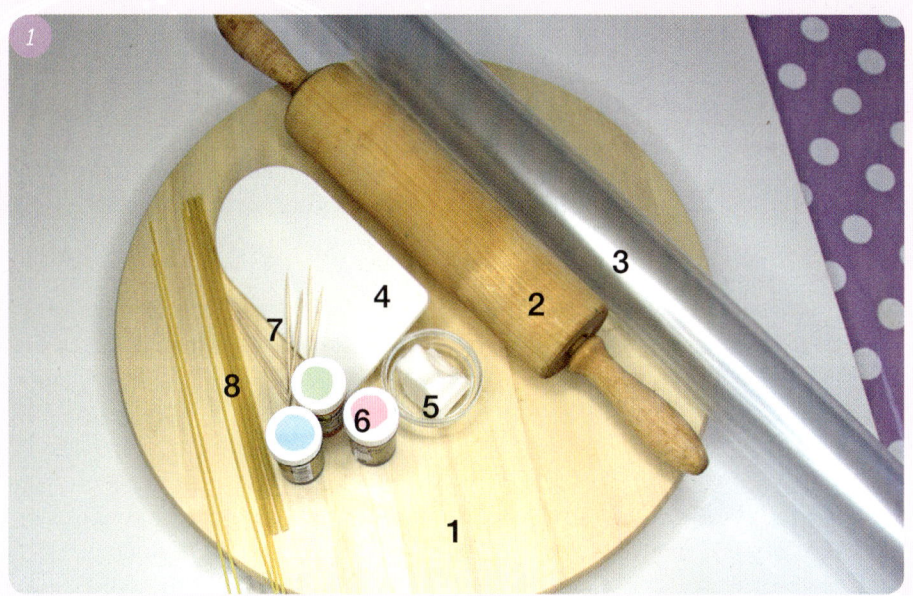

Zu Bild 1:

1 – Drehteller: Drehbare Tortenplatten gibt es aus Holz, Kunststoff oder Metall. Von meiner Mutter bekam ich für meine ersten Torten ihren Käsedrehteller, was die Dekoration enorm erleichterte.

2 – Nudelholz: Ich verwende nach wie vor mein ‚normales' Nudelholz aus Holz. Bleibt der Fondant am Holz kleben, sollte man es etwas einfetten. Für Profis gibt es Ausrollstäbe aus Kunststoff.

3 – Unterlage: Auf dem Foto sieht man eine spezielle antihaftbeschichtete Backmatte. Die kostengünstigere Variante: Im Baumarkt eine durchsichtige und lebensmittelechte PVC-Tischdecke zuschneiden lassen, die dann vor der Verwendung etwas eingefettet werden muss.

4 – Glätter: auf Englisch *Smoother*. Er wird zum Glätten der Torte bzw. des Fondants verwendet.

5 – Kokosfett: Es wird zum Einfetten von Unterlage, Händen und Nudelholz verwendet. Sollte der Fondant zu hart, also zu trocken sein, kann man es einarbeiten; dadurch wird er wieder weicher. Vorsicht: Durch zu viel Fett wird Fondant sehr weich und kann leicht reißen.

6 – Lebensmittelfarbe: Als Lebensmittelfarben verwende ich am liebsten Pasten- oder Gelfarben. Der Vorteil ist, dass wenig zum Einfärben von Fondant benötigt wird und sich die Konsistenz nicht verändert. Außerdem gibt es Puderfarben, die für spezielle Effekte verwendet werden oder mit Wasser angerührt zum Malen benutzt werden können.

7 – Zahnstocher: Diese sollte man immer zur Hand haben. Man kann sie beispielsweise zum Stabilisieren von Figuren verwenden, zum Einritzen einer Blattstruktur oder um Farbe auf den Fondant zu streichen.

8 – Spaghetti: Diese verwende ich gerne, um Figuren stabil zu fixieren, damit sie fest und sicher auf der Torte angebracht werden können. Schaschlikspieße oder Zahnstocher sind auch eine Alternative, aber bei Torten, die auch Kinder essen, würde ich vorsichtshalber immer zur Nudelvariante greifen.

Zu Bild 2 (Seite 12):

1 – Schaumstoffunterlage: auf Englisch *Foam Pad*. Sie wird verwendet, um beispielsweise Blütenblätter auszudünnen oder um Fransen von Ausstechern zu entfernen.

2 – kleiner Rollstab aus Kunststoff: Den verwende ich zum Ausrollen kleinerer Fondantmengen; eine Alternative wäre ein Kindernudelholz.

3 – Modellierwerkzeug zum Schneiden: Das ist im Künstlerbedarf erhältlich. Damit nimmt man Fondant von der Unterlage auf, ohne dass er verformt wird. Außerdem kann man damit schneiden oder Strukturen ritzen.

4 – Ball Tool: Diesen gibt es in verschiedenen Größen aus Kunststoff oder Metall. Damit kann man zum Beispiel Augenhöhlen formen oder Rosenblätter ausdünnen. *Mein Tipp:* An Cocktailstäben ist oftmals auch ein „Ball" dran.

5 – Pinsel: Damit trägt man Zuckerkleber auf oder malt auf Fondant. Davon benötigt man meist mehrere feine Exemplare.

6 – Rosenblattausstecher: Alternative zu den Metallausstechern ist ein rundes Schnapsglas.

7 und 8 – Floristendraht und -band: Sie werden benutzt, um Blumen oder Blätterranken zu modellieren. Die einzelnen Drähte werden mit dem Band zusammengebunden und am besten in einem Strohhalm in die Torte gesteckt.

GRUNDLAGEN

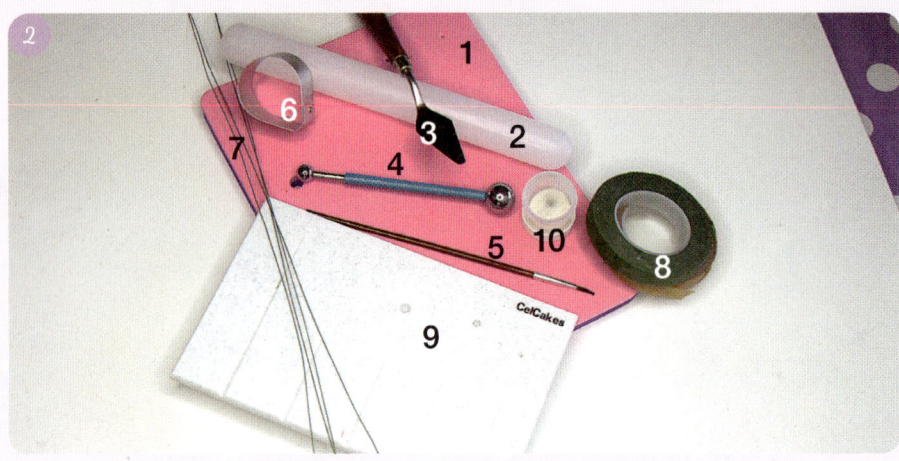

7 – Lineal: Damit misst man ausgerollten Fondant beispielsweise zum Eindecken ab. Auch verwende ich es, um gerade Linien im Fondant schneiden zu können, verschiedene Linien einzudrücken oder das Couchmuster herzustellen.

8 – Schablonen: Wenn ich keinen passenden Ausstecher für ein spezielles Motiv habe, stöbere ich im Internet nach der gewünschten Form und drucke es auf normalem Papier aus. Dann übertrage ich die Form auf einen festeren Karton, schneide sie zu und benutze sie als Schablone.

9 – Randverzierungsausstecher: Damit kann man Bordüren für die Ränder der Torten ausstechen.

10 – Lebensmittelstift: Damit kann man auf die Torte schreiben.

11 – Cake Board: Das kann mit Fondant eingedeckt werden, um darauf dann die fertige Torte zu präsentieren. Cake Boards gibt es rund oder eckig.

9 – Cel Board: Es wird benötigt, um Blumen oder Blätter auf Draht zu spießen. Das Cel Board hat mehrere große Rillen. Wenn man Blütenpaste darauf ausrollt, wird sie in die Rillen gedrückt. Es bildet sich ein Steg, der das Einführen eines Drahtes einfacher macht. Der gewünschte Ausstecher wird so daraufgelegt, dass die Rille in der Mitte des Ausstechers ist. Dann kann der Draht in die Rille gesteckt werden, um zum Beispiel eine Efeuranke zu modellieren.

10 – CMC-Pulver: Der chemische Name dieses Bindemittels lautet Carboxymethylcellulose. Damit erhöht man Festigkeit und Stabilität. Man benutzt es zur Herstellung von Modellierfondant, Blütenpaste und Zuckerkleber. Man erhält es in Shops mit Tortenzubehör.

3 – Lebensmittelspray: Damit erzielt man Glanzeffekte auf der Torte. Es gibt die Sprays in Gold, Silber, Perlmutt, aber auch transparentes Glanzspray, damit beispielsweise Gemüse realer aussieht.

4 – Satinbänder: Sie werden für einen perfekten Abschluss der Torte verwendet, wenn es mal schnell gehen soll. Sie werden mit einer Stecknadel (5) festgesteckt.

6 – Zuckerperlen: zur Dekoration von Torten.

Zu Bild 3:

1 – diverse Ausstecher: Zum Beispiel Blümchen oder Blätter mit Stempel zum Prägen von Strukturen. Der Stempel dient gleichzeitig als Auswerfer, mit dem der Fondant einfach herausgedrückt werden kann.

2 – Buchstabenausstecher: Hier sieht man Ausstecher mit Auswurf.

EQUIPMENT

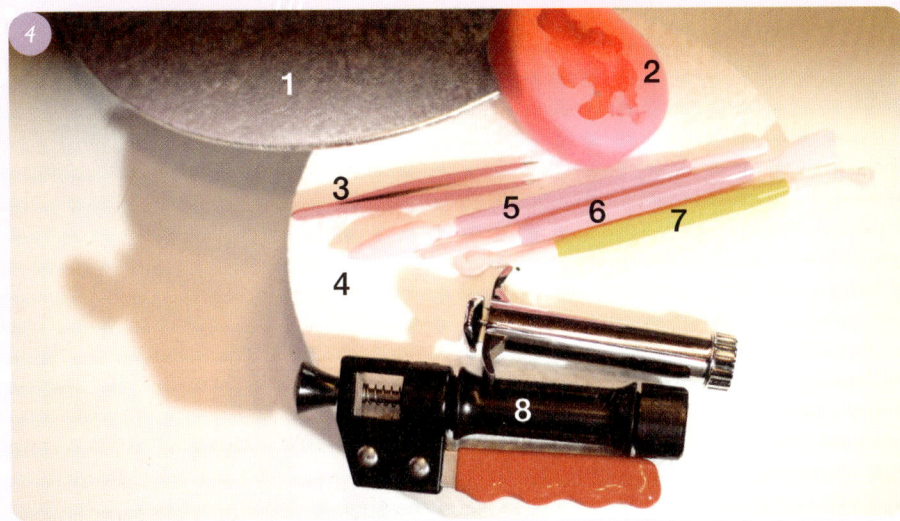

man beispielsweise gleichmäßige Strukturen in den Fondant drücken.

8 – Clay Extruder/Sugarcraft Gun: Damit kann man feine und gleichmäßige Zuckerfäden herstellen. Die Geräte funktionieren wie Knoblauch- oder Nudelpressen.

Zu Bild 5:

1 und 2 – runde Springformen mit 26 und 18 cm Durchmesser.

3–5 – runde Backformen mit 20, 15 und 10 cm Durchmesser.

6 – Herzbackform: ca. 24 cm x 28 cm.

7 – quadratische Backform: 20 cm x 20 cm.

8 – rechteckige Backform: 30 cm x 20 cm.

9 – Giant-Cupcake-Unterteil: Damit erhält man große Cupcakes oder einfach schöne Kuchen mit geriffeltem Rand.

Tipp Zum Stapeln von Torten braucht man *Bambusstäbe, die auf die Höhe der jeweiligen Torte zugeschnitten werden. Für Markierungen auf Torten wird ein Kohlebleistift benötigt; der ist lebensmittelecht. Und zum Durchschneiden von Kuchen ist Zwirn aus dem Nähkästchen hilfreich.*

4 – Styroporblock: Zum Trocknen von Figuren, Blumen oder auch als Torten-Dummy zu verwenden.

5 – Modellierwerkzeug Kegel: Damit kann man zum Beispiel Rundungen wie Ohrmuscheln formen.

6 – Modellierwerkzeug Kamm: Damit kann man geriffelte Nähte in Fondant drücken.

7 – Modellierwerkzeug Schneiderad: Mit diesem Werkzeug kann

Zu Bild 4:

1 – Cake Card: 3 mm dünnes Cake Board, das zum Beispiel bei der Kochtopftorte als Deckel verwendet wird. Man kann solche Cake Cards auch als Tortenplatten beim Stapeln mehrstöckiger Torten verwenden.

2 – Silkonform Baby: Mit speziellen Silikonformen, hier eine Babyform, können relativ einfach außergewöhnliche, detailreiche Figuren und Formen gestaltet werden.

3 – Pinzette: Sie ist sehr hilfreich, um beispielsweise Zuckerperlen auf eine Torte zu kleben.

GRUNDLAGEN

Techniken

In diesem Kapitel wollen wir uns mit der Basis, also dem Kuchen unter der Dekoration und dem Eindecken des Kuchens, beschäftigen. Der Kuchen muss nämlich „fondanttauglich" gemacht werden. Schritt für Schritt wollen wir uns dem Thema nähern.

Kuchen durchschneiden

Wenn man einen Biskuit mit einer Creme füllen möchte, muss man zunächst den Kuchen durchschneiden, damit man mehrere Böden erhält. Entweder kauft man dafür ein spezielles Gerät (Kuchenschneidhilfe-Set oder Tortenbodenschneider) oder man verwendet Zwirn, einen Bindfaden aus dem Nähkästchen; damit kann man gleichmäßige Böden schneiden.

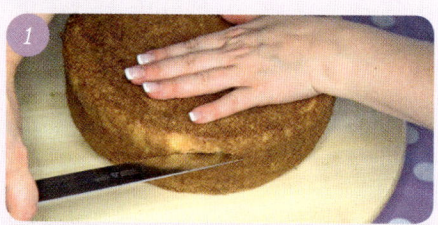

Ca. 1 cm vom oberen Rand den Kuchen mit einem Messer rundherum einritzen.

Ebenfalls 1 cm vom Boden den Kuchen rundherum mit einem Messer einschneiden.

Den Zwirn zuerst oben rundum in die eingeritzte Öffnung legen, an einem Ende anziehen und den Zwirn durch den Kuchen ziehen. Das Gleiche an der unteren Einkerbung wiederholen.

Videotipp
Kuchen durchschneiden leicht gemacht!

Tortenböden füllen

Nachdem die Böden durchgeschnitten wurden, kann der Biskuit mit einer Creme gefüllt werden.

Dafür die Creme mit einem Löffel auf den unteren Boden geben, gleichmäßig verteilen und den mittleren Boden aufsetzen.

Dieser wird ebenfalls mit der Creme bestrichen und der oberste Boden kann aufgesetzt werden.

TECHNIKEN

Wichtig ist es, dass die Creme nicht zu hoch wird und auch nicht ganz bis zum Rand gestrichen wird, sonst besteht die Gefahr, dass sie durch das Gewicht der Dekoration herausquillt. Den gefüllten Kuchen für 30 Minuten in den Kühlschrank stellen, damit die Creme auch schön fest wird.

Tipp Zum Füllen eignet sich Biskuit sehr gut, ein Rührkuchen dagegen nicht.

Einganachieren

Ich habe euch als Füllung ein Cremerezept vorgestellt, das auf einer Joghurt-Sahne-Basis beruht. Man liest aber in vielen Internetforen, dass lediglich Buttercreme oder Ganache als Füllung für Fondanttorten geeignet seien, da diese weniger feucht sind als viele Sahnefüllungen. Um zu vermeiden, dass feuchtere Füllungen den Kuchen durchweichen, zeige ich euch, wie man eine „Mauer" bauen kann, damit der Fondant nicht mit der Creme in Berührung kommt. Und so muss niemand auf die leckere Creme verzichten!

Wie ich euch im Rezeptteil schon gezeigt habe, benutze ich eine Schokoladenganache, um einen Schutz vor der Feuchtigkeit einer Füllung zu erhalten. Damit wird der Kuchen einganachiert, also rundum eingestrichen. Auch benötigen wir die Ganache bei einfachen Rührkuchen, damit der Fondant am Kuchen haften bleibt und um eine glatte und ebene Basis zu schaffen.

Zuerst den Rand des Kuchens einganachieren, dann den Deckel. Mit dem Teigschaber die Masse glatt ziehen und überschüssige Ganache entfernen.

Den Kuchen für ca. 30 Minuten in den Kühlschrank stellen, bis die Ganache fest ist. Bei einem Kuchen mit Füllung sollte das Ganze noch einmal wiederholt werden, bei einem Rührkuchen gleich mit dem nächsten Schritt weitermachen.

Videotipp Einganachieren leicht gemacht!

Fondant einfärben

Bevor wir den Kuchen mit der Zuckermasse überziehen können, muss die zunächst eingefärbt werden. Dafür nehmen wir Lebensmittelfarben, die entweder Pasten- oder Gelkonsistenz haben.

Mit einem Zahnstocher die gewünschte Farbe auf den Fondant streichen. Hier braucht man meist wirklich wenig Farbe. Es reicht, mit dem Zahnstocher in die Paste einzutauchen und den Zahnstocher auf dem Fondant abzustreichen.

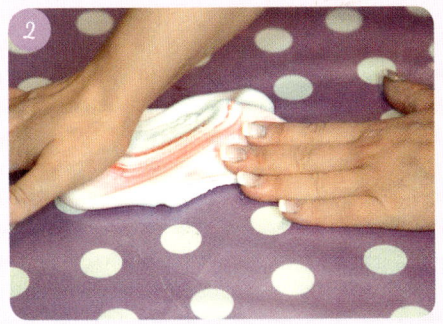

Mit dem Handballen die Farbe einkneten.

Tipp Knetet man immer in die gleiche Richtung, kann man marmorierte Effekte erzielen.

GRUNDLAGEN

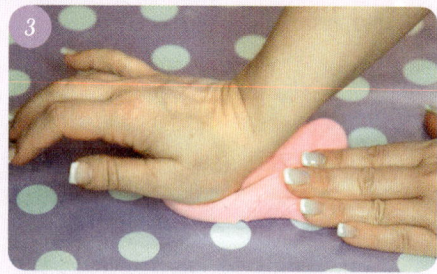

So lange kneten, bis man ein gleichmäßiges Farbergebnis hat.

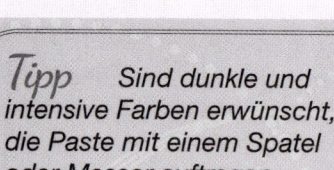

Tipp Sind dunkle und intensive Farben erwünscht, die Paste mit einem Spatel oder Messer auftragen.

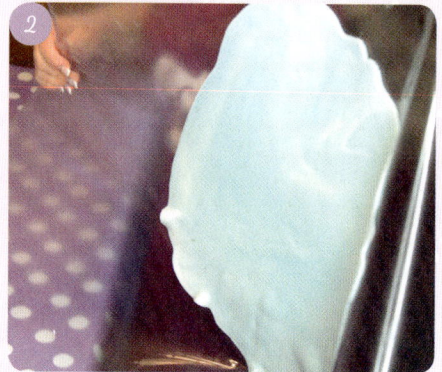

Die Matte mit dem Fondant hochnehmen. Oder man rollt bzw. wickelt den Fondant mit den Nudelholz auf und hebt ihn so über die Torte. Achtung – hier besteht Reißgefahr!

Dann die Matte vorsichtig und langsam in eine Richtung abziehen, sodass sich der Fondant von alleine ablöst.

Eindecken

Nun sind wir so weit, den Kuchen mit Fondant einzudecken. Das möchte ich euch an einem eckigen und einem runden Kuchen zeigen.

Eckiger Kuchen

Die Fläche vorsichtig mittig über den Kuchen legen. Wichtig: Noch nicht andrücken, sonst zeichnen sich die Kanten ab!

Nun die erste Ecke vorsichtig mit der Handinnenfläche andrücken.

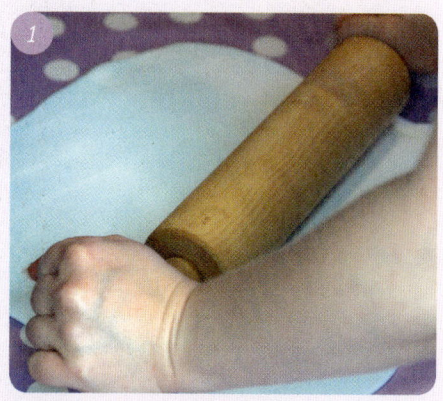

Den Rollfondant rechteckig auf der Backmatte ausrollen, eventuell nachmessen, ob es groß genug ist. Die Fläche muss Oberseite und Ränder des Kuchens ganz bedecken.

Zuerst den Rand rundherum von der Matte ablösen.

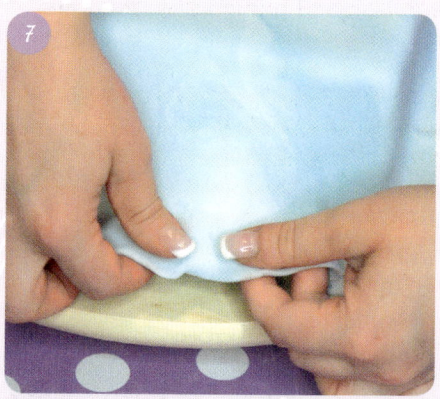

Danach den Fondant an der Kante nach außen ziehen und dann andrücken, damit keine Falten entstehen.

TECHNIKEN

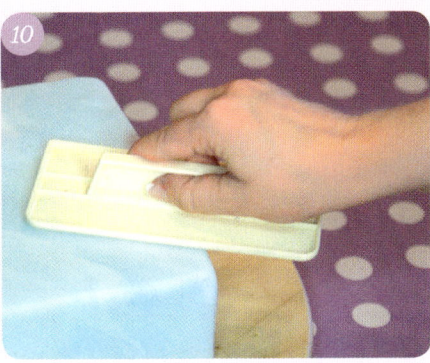

Von Ecke zu Ecke den Fondant andrücken, indem man mit der ganzen Handfläche am Rand entlang streicht. Immer wieder den Fondant vorsichtig anziehen, wenn es zu einer Falte beim Andrücken kommen sollte.

Nun mit einem Messer den überschüssigen Fondant abschneiden.

Unebenheiten mit dem Glätter beseitigen. Den Glätter dafür mit etwas Druck über die Torte streichen. Den Glätter dabei nie gerade auf den Fondant halten, damit er nicht kleben bleibt, sondern immer leicht gekippt auf der Oberfläche halten.

Videotipp Fondant glätten

Runder Kuchen

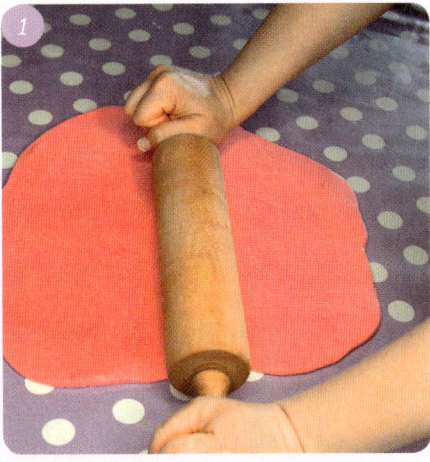

Den Rollfondant mit dem Nudelholz kreisrund auf der Unterlage ca. 5 mm dick ausrollen. Der Durchmesser muss so groß sein, dass die Fläche die Oberseite und die Ränder des Kuchens vollständig bedeckt.

Anfängern rate ich gerne dazu, den Rollfondant lieber ein wenig dicker auszurollen, um erstmal ein Gefühl für diese Masse zu bekommen.

> **Tipp** Ist man sich nicht sicher, ob der Fondant schon groß genug ausgerollt ist, am besten mit einem Lineal nachmessen. Es sollen ca. 3 cm mehr eingerechnet werden, damit man beim Einschlagen keine Probleme bekommt.

Danach den Fondant entweder mit dem Nudelholz aufrollen, also mit dem Nudelholz aufwickeln, und über die Torte heben. Oder man nimmt den Fondant mit der Unterlage bzw. mit der Backmatte hoch und legt ihn mittig über den vorbereiteten Kuchen.

Den Fondant noch nicht andrücken, sondern erst rundherum an den Rändern von der Matte ablösen und dann vorsichtig ganz von der Matte lösen.

GRUNDLAGEN

der Kochtopftorte zum Einsatz kommen. Eine weitere Möglichkeit für die Platten sind Tortenkartons, die man zuschneidet und mit Alufolie umhüllt. Sie sollten allerdings möglichst fest sein, damit die Füllung der unteren Tortenböden nicht herausgedrückt wird.

Dann den Fondant rundum vorsichtig andrücken und Überstehendes abschneiden. Mit dem Glätter Unebenheiten beseitigen.

Videotipp
Runden Kuchen eindecken leicht gemacht!

Tipp Ich benutze eine antihaftbeschichtete Backmatte. Die kann durch eine durchsichtige und lebensmittelechte PVC-Tischdecke aus dem Bau- oder Supermarkt, die mit Kokosfett eingefettet wurde, ersetzt werden.

Videotipp
Das Eindecken einer Herzform könnt ihr euch in einem Video anschauen.

Torten stapeln

Wenn mehrere Kuchen aufeinandergestapelt werden sollen, muss für Stabilität gesorgt werden. Zum einen halten die Kuchen dann aufeinander und stehen sicher, zum anderen wird bei gefüllten Torten die Creme durch das Gewicht nicht herausgedrückt.

Um mehrstöckige Torten aufeinanderzustapeln, braucht man folgendes Werkzeug: Bambusstäbe, Gartenschere, Schmirgelpapier, einen Kohlebleistift und Platten in der Größe der oberen Torten.

Als Platten verwende ich am liebsten zugeschnittene Plexiglasscheiben; man kann aber auch Cake Cards verwenden, welche auch bei

Auf den Stäben sitzt später die Tortenplatte bzw. das ganze Gewicht der Torte. Deswegen benötigt man sechs Stäbe, einen in der Mitte, die anderen außen herum. Den ersten Bambusstab in die Mitte der Torte stecken.

Mit einem Kohlebleistift die Stelle am Stab markieren, an der er aus der Torte kommt.

TECHNIKEN

> **Tipp** Ein Kohlebleistift ist lebensmittelecht!

Rand auf die Torte gezeichnet. So weiß man, wo man die Stäbe hineinstecken soll. Die Markierungen sollen einen Abstand von ungefähr 8 cm zueinander haben. Wichtig ist es, dass sie in regelmäßigen Abständen aufgebracht werden, damit das Gewicht der oberen Torten später auch gleichmäßig verteilt werden kann.

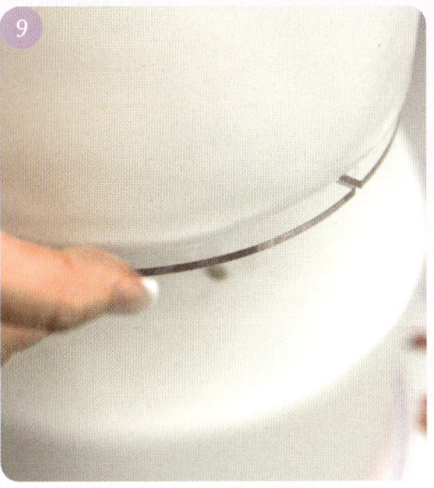

Das zweite Stockwerk vorsichtig auf die untere Torte setzen.

An der markierten Stelle den Stab mit einer Gartenschere durchschneiden und weitere fünf Stäbe mit der gleichen Länge zuschneiden.

Alle sechs Stäbe an den gekennzeichneten Stellen in die Torte stecken.

Die abgeschnittenen Enden abschmirgeln.

Mit dem weiteren Stockwerk die Schritte wiederholen.

Mithilfe der vorbereiteten Platte werden fünf Markierungen an ihrem

Die Mitte mit Eiweißspritzglasur (eine Mischung, die aus 500 g Puderzucker und 2 Eiweiß hergestellt wird) einstreichen, damit die Platte darauf kleben bleibt.

> **Tipp** Bei höheren Torten sollte man noch einen Bambusstab von ganz oben nach unten durchstecken, damit die Torte stabil ist; notfalls ganz vorsichtig mit einem Hammer hineinschlagen. Die Platten brauchen dann natürlich etwas neben der Mitte jeweils ein Loch.

GRUNDLAGEN

Tipps und Tricks

Planung

Für eine Motivtorte sollte viel Zeit eingerechnet werden. Eine solch aufwendig dekorierte Torte kann meistens nicht an einem Tag entstehen. Deswegen ist eine sorgfältige Planung im Voraus wichtig.

Der Kuchen sollte, bevor man ihn füllt und einganachiert, ganz ausgekühlt sein. Das bedeutet, dass man ihn am besten einen Tag vorher backt.

Auch die Dekoration wie Figuren oder Rosenblätter sollten trocknen, bevor man sie zusammensetzt. Man sollte dabei immer bedenken, dass es sich bei Fondant um eine weiche Zuckermasse handelt, bei der die physikalische Schwerkraft auch zuschlägt.

Wenn man zum Beispiel den Kopf eines Rentiers auf den Körper setzt, sollte man den Kopf mit einem Taschentuch stabilisieren, damit er nicht nach vorne wegkippt. Oder man lässt Körper und Kopf vorher antrocknen, damit die Figur nicht zusammensackt und man später kein kleines, dickes Rentier bekommt.

Ideal geplant geht man so vor:

Tag 1: Kuchen backen
Tag 2: durchschneiden, füllen, einganachieren
Tag 3: dekorieren

Risse flicken

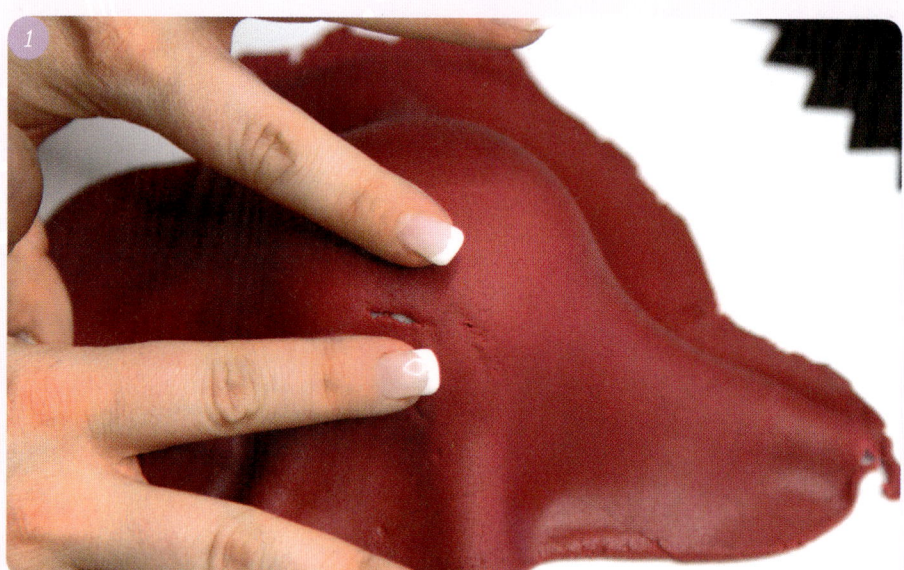

Kommt es beim Eindecken zu kleinen Rissen im Fondant, sollte er an dieser Stelle direkt mit den Fingern zusammengedrückt werden, sodass das Loch nicht größer werden kann.

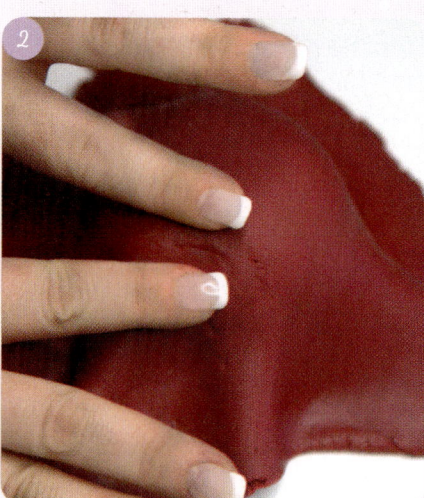

Auch können kleine Risse mit einem Tropfen Wasser oder klarem hochprozentigem Alkohol wieder geschlossen werden. Dabei taucht man einen Finger in Wasser oder Alkohol und streicht damit vorsichtig über den Riss, um die Pore zu schließen.

Luftblasen entfernen

Sollte nach dem Glätten des Fondants auf der Torte eine Luftblase erscheinen, kann diese mithilfe einer Stecknadel ganz einfach entfernt werden.

Dabei mit der Stecknadel in die Luftblase stechen und mit den Fingern die Luft darin vorsichtig herausdrücken.

TIPPS UND TRICKS

Stabilisieren von Figuren

Figuren sollten in sich stabilisiert werden. Zwischen Kopf und Rumpf kann die Stabilisierung mit einem Zahnstocher oder einem rohen Spaghetti erfolgen.

Den Spaghetti vorher in Zuckerkleber eintauchen und mit sehr kleinen drehenden Bewegungen in den Körper stecken. Man sollte ihn nicht einfach hineinstecken, denn sonst würde der Fondant zusammengedrückt werden. Den oberen Teil des Spaghetti mit Kleber einstreichen und den Kopf aufstecken.

Auch sollte die Figur mit beispielsweise einem Spaghetti auf der Torte festgesteckt werden. Damit ist auch eine längere Fahrt mit der Torte gesichert.

Flecken entfernen

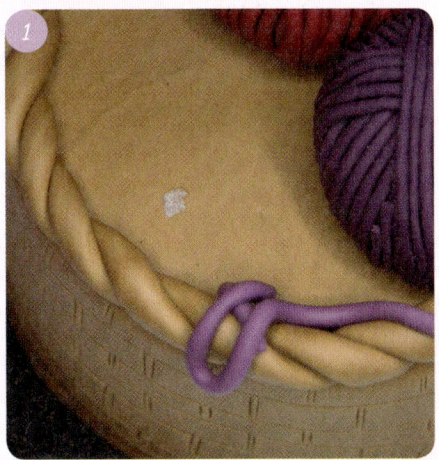

Gibt es Flecken von Ganache, Farbe oder Zuckerkleber auf der Torte, kann man genau an dieser Stelle eine Dekoration anbringen.

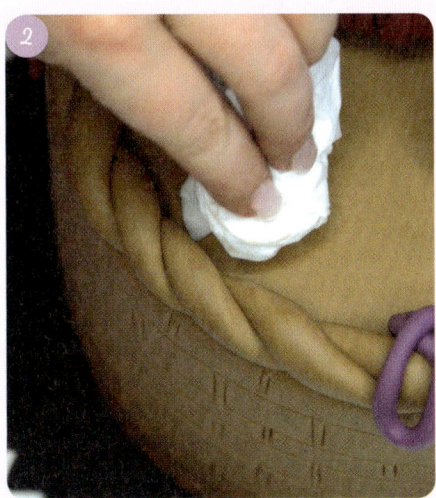

Oder man entfernt den Fleck mithilfe von etwas klarem hochprozentigem Alkohol, den man auf ein Taschentuch träufelt. Vorsichtig über den Fleck reiben und dann trocknen lassen.

Fondant und Figuren aus Fondant aufbewahren

Figuren und Blumen lassen sich sehr gut aufbewahren. Eine gute Freundin von mir sammelt beispielsweise meine Figuren in einer Vitrine – Fondant trocknet an der Luft aus und somit können die Figuren aufgehoben werden.

Soll Fondant aber verarbeitet werden, ist dieser Effekt ja unerwünscht. Im Kühlschrank oder unter einer Tortenglocke bleibt Fondant weich und zieht sogar etwas Feuchtigkeit an. Deswegen sollte man Fondant luftdicht verpackt aufbewahren.

Aufbewahrung einer Torte im Kühlschrank

Eine Fondanttorte kann im Kühlschrank gelagert werden. Und gerade im Sommer sollten Torten mit einer Cremefüllung auch genau dort aufbewahrt werden.

Allerdings zieht Fondant die Feuchtigkeit im Kühlschrank an und läuft an. Dabei entsteht ein wässriger Film auf der Torte. Um das zu vermeiden, stellt man ein Schälchen mit Salz daneben. Salz ist hygroskopischer, das bedeutet, es zieht die Feuchtigkeit besser an und lenkt sie somit vom Zucker im Fondant ab.

Biskuit, Rührkuchen oder auch Ganache lassen sich einfrieren. Sogar eine eigentlich schon fertig dekorierte Torte kann man einfrieren. Dafür sollte die Dekoration vorher aber abgenommen und erst nach dem Auftauen wieder daraufgesetzt werden. Die Torte selbst locker mit Frischhaltefolie

GRUNDLAGEN

einpacken und in einen Tortencontainer setzen.

Hat man eine ganze Fondanttorte mit der Dekoration eingefroren, muss man beim Auftauen darauf achten, sie langsam an eine höhere Temperatur zu gewöhnen; daher im Kühlschrank auftauen lassen.

Der Umgang mit dem Cake Board

Ein Cake Board dient dem Transport oder der Präsentation einer Torte. Bei der Kochtopftorte beispielsweise habe ich eins benutzt, damit ich weitere Accessoires zur Torte legen konnte.

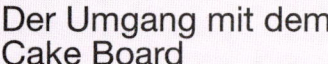

Das Cake Board besteht aus Pappe, die mit Folie beschichtet ist. Bevor es mit Fondant eingedeckt werden kann, muss man es mit Wasser befeuchten. Dabei etwas Wasser auf das Brett pinseln.

Anschließend den Fondant darauflegen und den Rand rundherum andrücken.

Danach wird der überschüssige Fondant mit einem Messer, Modellierwerkzeug zum Schneiden oder Pizzaschneider am unteren Rand abgeschnitten. Anschließend wird der Fondant auf dem Cake Board geglättet.

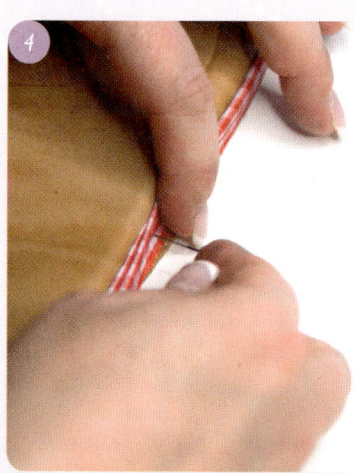

Den Rand kann man noch mit einem Satinband „aufhübschen". Das wird dann an den Enden mit einer Stecknadel am Board befestigt.

Farben ändern

Der eigenen Fantasie sind natürlich keine Grenzen gesetzt. Wird die Farbwahl der Torte verändert, können vollkommen neue Werke entstehen. Aus der Tauftorte mit dem Jungen kann auch ein rosa Mädchentraum werden. Aus der frühlingshaften Eulentorte kann mit orangefarbenem Untergrund und mehr Laubblättern eine stimmungsvolle Herbsttorte werden.

Auch aus dem Weihnachtsstern kann durch eine Farbänderung eine sommerliche Torte mit einer Sonnenblume gezaubert werden:

Accessoires

Schleife

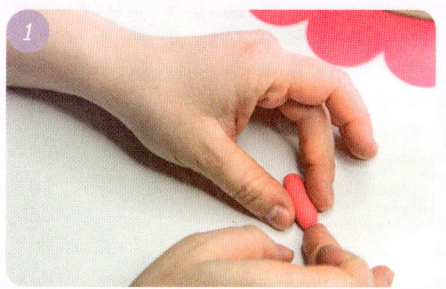
Ca. 5 g Modellierfondant zu einem 1–2 cm langen Strang rollen.

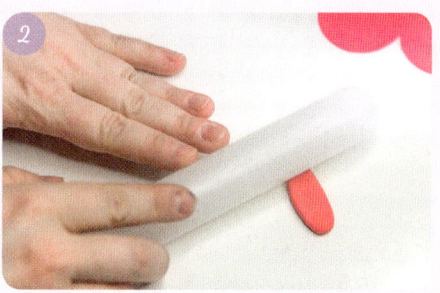
Den Strang mit einem Rollstab platt rollen.

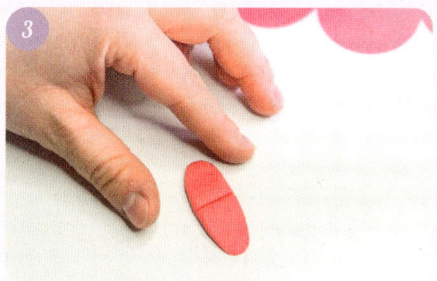
Den Strang in der Mitte durchschneiden.

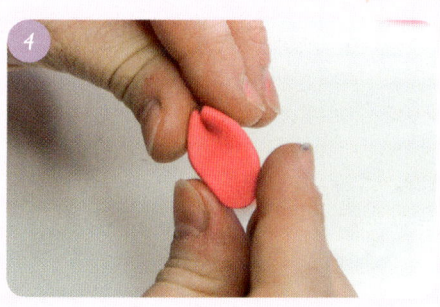
Beide Enden einer Schleifenhälfte zusammendrücken, übereinanderklappen und die Enden aneinander befestigen. Das Gleiche macht man mit der zweiten Hälfte.

Beide Hälften an den zusammengefalteten Enden verbinden und mit Zuckerkleber festkleben.

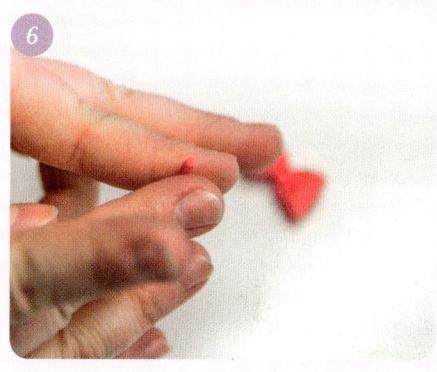
Aus wenig Fondant ein schmales Band rollen.

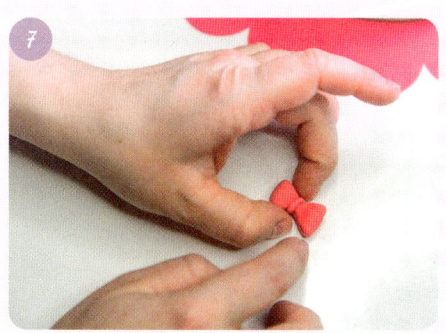
Das Band um die Mitte legen und mit Zuckerkleber festkleben.

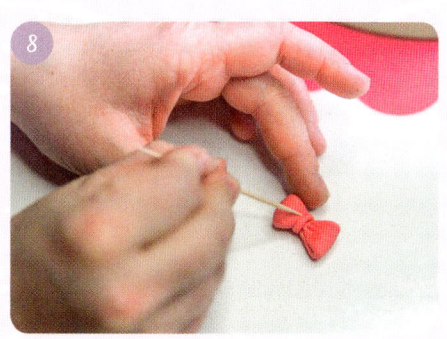
Mit einem Zahnstocher von der Mitte ausgehend Falten einritzen.

Videotipp
Eine Schleife aus Fondant modellieren

GRUNDLAGEN

Couchmuster

Mit einem Lineal am senkrechten Kuchenrand zuerst außen einen schrägen Streifen von oben nach unten eindrücken.

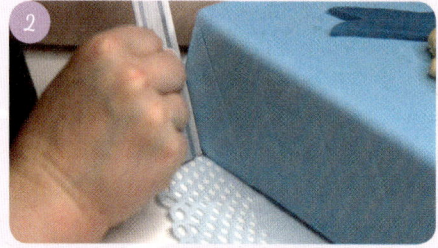

Dann mit dem Lineal parallel dazu auf die gleiche Weise weitere Linien im Abstand von jeweils ca. 2 cm ziehen.

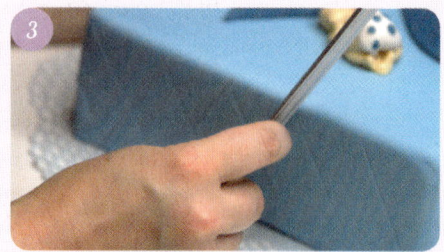

Quer zu den Streifen werden dann Linien gezogen, die einen unteren Punkt mit einem schräg darüberliegenden Punkt verbinden, sodass es in der Mitte Schnittpunkte gibt. Dabei entstehen Rauten.

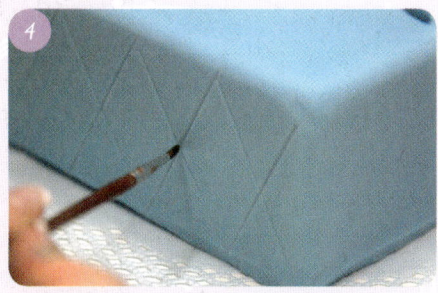

Die Schnittpunkte in der Mitte mit Zuckerkleber einstreichen.

Mithilfe einer Pinzette in die Mitte große silberfarbene Zuckerperlen setzen und andrücken.

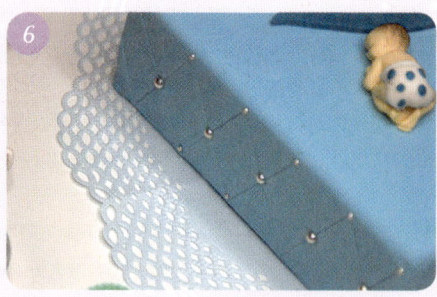

Unten und oben kleine silberfarbene Zuckerperlen festkleben.

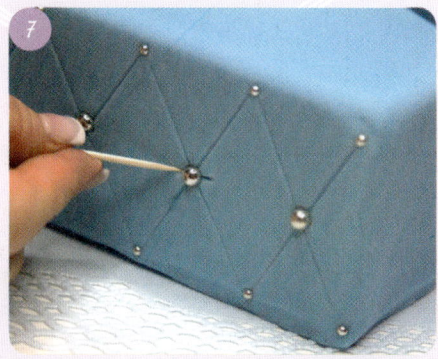

Mit einem Zahnstocher rechts und links der großen Perlen Couchfalten eindrücken.

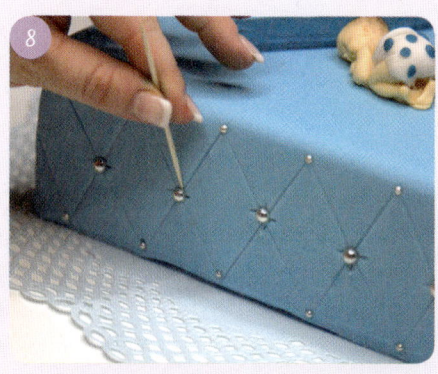

Oben und unten an den großen Zuckerperlen ebenfalls Falten eindrücken.

Videotipp
Couchmuster leicht gemacht!

ACCESSOIRES

Weihnachtsmütze

Einen Kegel aus ca. 10 g rotem Modellierfondant formen.

Das spitze Ende des Fondantkegels lang ziehen.

Den unteren Rand etwas nach außen drücken, indem man mit einen Finger unten leicht hineindrückt. So entsteht ein kleiner Hohlraum für den Kopf.

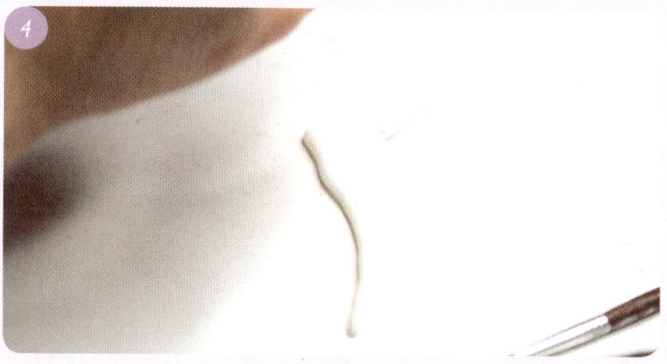

Aus etwas weißem Modellierfondant eine lange dünne Rolle formen.

Den weißen Fondant rund um das breite Ende der Mütze kleben.

Am lang gezogenen Ende etwas Kleber aufpinseln und eine kleine weiße Fondantkugel befestigen.

FRÜHLING

Schwarzes Schaf war gestern!

Schwierigkeitsgrad

Zutaten für eine Torte
Tortenbasis: Torte mit 26 cm Durchmesser (Grundrezept 1 x)
Zum Eindecken der Tortenbasis: 750 g dunkelgrüner Rollfondant
Modellierfondant: Weiß: 110 g; Hautfarbe: 70 g; Gelb: 5 g; etwas Schwarz; Pink: 7 g; Dunkelgrün: 5 g
Rollfondant: Braun: 150 g

Arbeitsmaterial
Schmetterlingsausstecher mit Präger, Messer oder Modellierwerkzeug zum Schneiden, rohe Spaghetti, Pinsel, Taschentuch, Kegel-Modellierwerkzeug, Rollstab, Blütenausstecher mit Präger Zuckerkleber

Dekozeit: 3 Std. zzgl. 1 Std. Trockenzeit

SCHÄFCHENTORTE

Um das Schaf zu gestalten, benötigen wir weißen und hautfarbenen Modellierfondant.

60 g weißen Modellierfondant zu einem länglich-eiförmigen Körper formen.

Für den Kopf des Schafes die Hälfte des hautfarbenen Fondants ebenfalls länglich formen.

Mit dem Körper ca. 1 Stunde antrocknen lassen.

Für die Schmetterlinge zwei kleine gelbe Fondantstücke ausrollen.

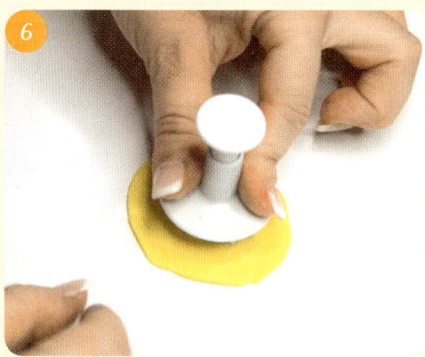

Den Ausstecher in den Modellierfondant drücken.

Danach den Stempel nach unten in den Fondant drücken, um eine Struktur auf den Schmetterling zu prägen.

Den überstehenden gelben Fondant um den Schmetterling herum ablösen. Auf die gleiche Weise einen zweiten Schmetterling ausstechen.

Mit einem Messer oder Modellierwerkzeug zum Schneiden die Schmetterlinge auf jeweils einer Seite hochdrücken.

FRÜHLING

Damit der Schmetterling in einer Flugposition bleibt, muss er an etwas wie zum Beispiel dem Rollstab angelehnt werden. In dieser Position ca. 30 Minuten trocknen lassen.

Ein Stück rohen Spaghetti in Zuckerkleber tauchen oder mit dem Kleber bestreichen.

Den Spaghetti mit kleinen kreisenden Bewegungen vorsichtig in den oberen Teil des Körpers stecken.

Den Spaghetti am herausragenden Ende mit Kleber einstreichen.

Den getrockneten Kopf auf den Körper setzen, indem man ihn auf den Spaghetti steckt. Sollte der Kopf etwas auf dem Körper kippen, kann er mit einem Taschentuch darunter stabilisiert werden.

Den ganzen Körper und den Hinterkopf mit Kleber einstreichen.

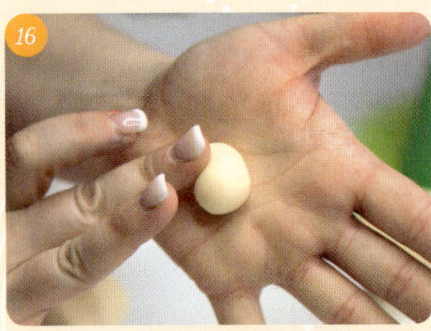

Vom übrigen hautfarbenen Fondant 3 g abnehmen, den Rest für Arme und Beine verwenden. In vier gleich große Stücke teilen.

Den Fondant für die Gliedmaßen zu vier je 1 cm dicken und 7 cm langen Strängen rollen. Auf einer Seite jeweils spitz zulaufen lassen. Dann diese Spitzen platt drücken.

Am dickeren Ende von einem Strang einen Fuß herausformen. Dafür das dickere Ende etwas platt drücken und diesen Teil nach vorne biegen.

SCHÄFCHENTORTE

Das Bein wird mit dem platten, spitzeren Ende unten seitlich an den Körper geklebt.

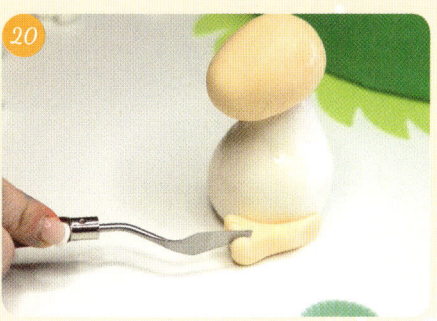

Mit einem Messer oder einem Modellierwerkzeug zum Schneiden die Zehen einschneiden. Mit dem zweiten Bein auf die gleiche Weise verfahren.

Die Arme werden nach dem selben Prinzip wie die Beine modelliert. Sie werden ein Stück mittig unter dem Kopf nebeneinander angesetzt und angeklebt.

Die Wolle des Schafes wird aus 40 g weißem Modellierfondant hergestellt. Daraus ca. 80 kleine Kugeln herstellen.

Ca. 50 Kugeln eng aneinanderliegend rundum auf den Körper kleben.

Für den Schwanz wird aus einer haselnussgroßen weißen Fondantkugel ein leicht bogenförmiger Tropfen geformt.

Den Tropfen mit dem Bogen nach oben unten an das Hinterteil des Schafes kleben.

Mit den übrigen weißen Wollkugeln auch den Hinterkopf des Schafes bedecken.

FRÜHLING

Aus dem restlichen hautfarbenen Fondant zwei Ohren formen. Mit dem Kegel-Modellierwerkzeug die Ohrmuscheln leicht eindrücken.

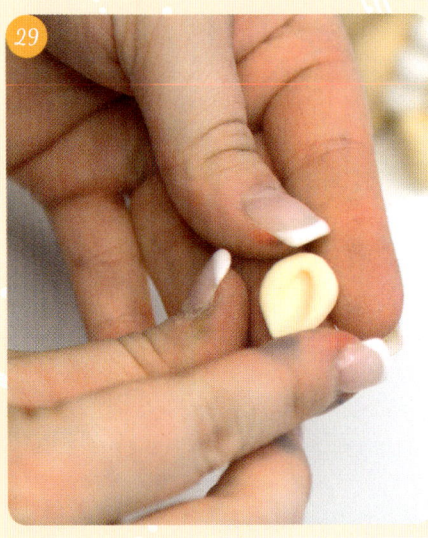

Die Ohren seitlich am Kopf so mit Zuckerkleber befestigen, dass der runde Teil jeweils nach unten und die Ohrmuschel nach vorne zeigt.

Mit dem Kegel-Modellierwerkzeug am Kopf die Nasenlöcher eindrücken.

Zwei kleine weiße Kugeln zu Tropfen rollen und platt drücken. Als Augen ankleben.

In das Weiße der Augen je eine kleine schwarze flach gedrückte Kugel kleben.

Dann werden je zwei klitzekleine weiße Punkte aus Fondant in das Schwarze der Augen geklebt.

SCHÄFCHENTORTE

Das Schaf kann mit einer kleinen pinkfarbenen Schleife dekoriert werden; wie man diese macht, wird im Kapitel Grundlagen bei den Accessoires erklärt oder im Video zu dieser Torte gezeigt.

Das Schaf mit einem Spaghetti auf der Torte stabilisieren.

Für den Zaun 90 g braunen Rollfondant ausrollen. Daraus einen langen Streifen ausschneiden, der ca. 8 cm breit ist. Den Streifen in ca. zehn Stücke schneiden, die jeweils ca. 2 cm breit sind.

Die braunen Fondantstreifen oben spitz zuschneiden und mit Zuckerkleber einstreichen.

Den ersten Zaunpfosten auf den Rand der Torte kleben. Er soll unten mit der Torte abschließen.

Die weiteren Pfosten jeweils in einem Abstand von ca. 8 cm zueinander an der Torte befestigen.

Den übrigen braunen Rollfondant zu einem Streifen ausrollen. Daraus passende ca. 8 cm lange Zwischenstücke für den Zaun schneiden. Zwischen die Pfosten jeweils einen Querstreifen kleben.

Sind diese Streifen zu lang, mit einem Messer den überschüssigen Fondant an den Schnittstellen abschneiden.

Um eine Holzoptik zu erhalten, wird mit einem Messer oder dem Modellierwerkzeug zum Schneiden in den Zaun geritzt.

FRÜHLING

Aus ca. einem Drittel des grünen Modellierfondants einen 5 cm langen Strang rollen.

Den grünen Strang in der Mitte zusammenklappen und unten flach drücken.

Das Gras auf die Torte kleben. So insgesamt ca. drei Grasbüschel formen und aufkleben.

Den restlichen weißen Fondant ausrollen. Daraus mit einem Blütenausstecher vier bis fünf kleine Blümchen ausstechen.

Die Blümchen auf die Torte kleben. Sie können auch am Tortenrand mit Grasbüscheln kombiniert werden.

In jede Blume aus dem übrigen gelben Modellierfondant einen kleinen Punkt kleben.

Die getrockneten Schmetterlinge auf der Torte …

… und am Tortenrand mit Zuckerkleber befestigen.

Videotipp
Eine Schleife aus Fondant modellieren

FRÜHLING

Sterne fallen nicht vom Himmel, sie werden geboren...

Schwierigkeitsgrad

Zutaten für eine Torte
Tortenbasis: quadratische Torte mit 20 cm Kantenlänge (Grundrezept 1 x)
Zum Eindecken der Tortenbasis: 750 g blauer Rollfondant
Blütenpaste: Hautfarbe: 100 g
Modellierfondant: etwas Weiß; Dunkelblau: 100 g

Arbeitsmaterial
Silikonform Baby, Messer oder Modellierwerkzeug zum Schneiden, Taschentuch, Pinsel, Rollstab, Lineal, Pinzette, Zahnstocher
Kokosfett, Puderfarbe Braun, Zuckerkleber, zwei verschiedene Größen silberfarbene Zuckerperlen (ca. 22 große und 48 kleine Perlen)

Dekozeit: 3 Std. zzgl. 15 Min. Kühlzeit

TAUFTORTE

1. Um das Baby zu modellieren, benötigen wir eine Silikonform in Babyform. Diese wird innen mit Kokosfett eingerieben.

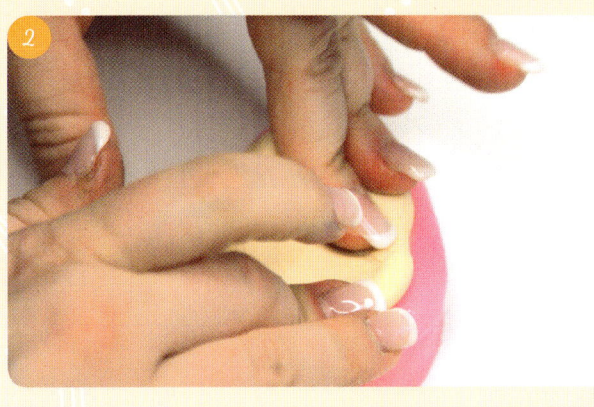

2. Die hautfarbene Blütenpaste in die vorbereitete Silikonform drücken. Dabei aufpassen, dass alles ausgefüllt ist.

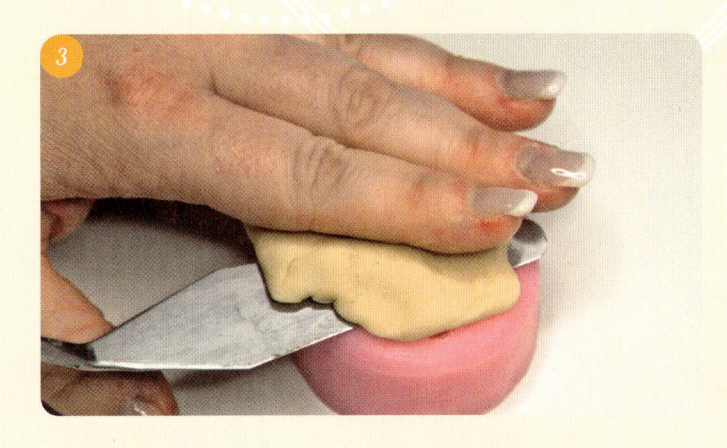

3. Die überschüssige Paste mit einem Messer oder einem Modellierwerkzeug zum Schneiden entfernen.

4. Die gefüllte Silikonform ca. 15 Minuten in den Gefrierschrank legen.

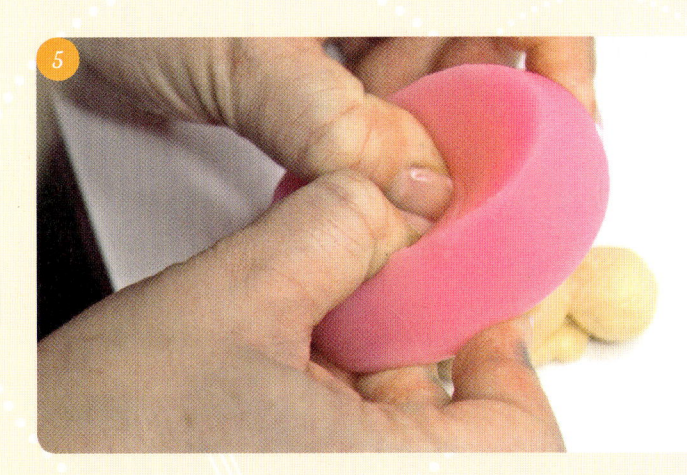

5. Danach das Baby aus der Form drücken …

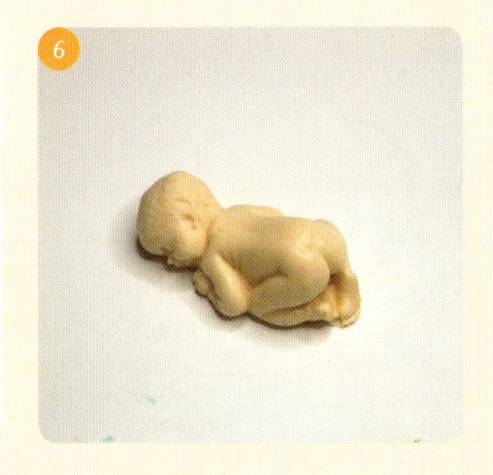

6. … und etwas antauen lassen.

FRÜHLING

Für die Haare etwas Puderfarbe auf ein Taschentuch streuen und mit einem Pinsel aufnehmen.

Dann die Puderfarbe rundum …

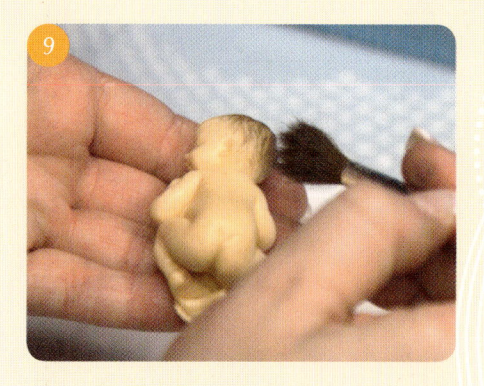

… auf den Kopf tupfen.

Für die Windel aus weißem Modellierfondant einen 5 cm breiten und 8 cm langen Strang ausrollen.

Den weißen Fondantstrang über den Po des Babys legen und etwas andrücken.

Die Enden der Windel rechts und links abschneiden.

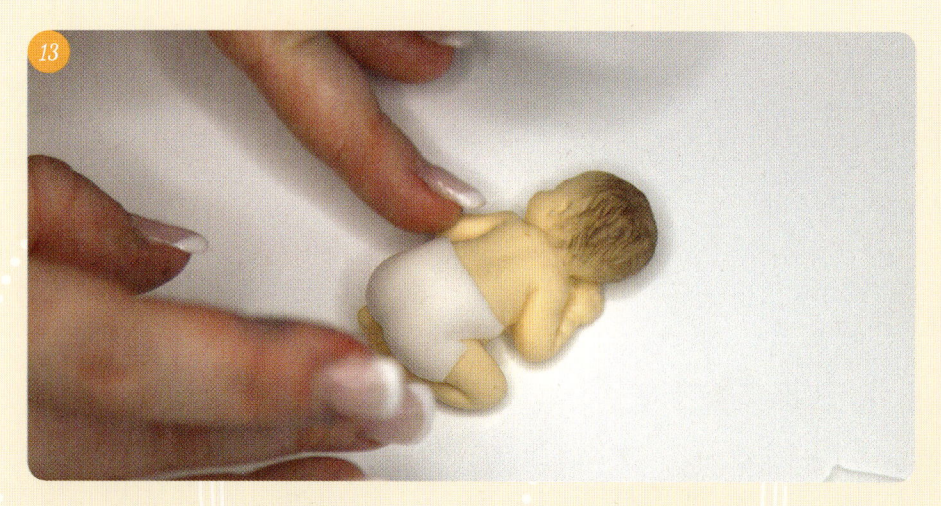

Die Windel der Form des Babys vorsichtig anpassen, zurechtschneiden und andrücken.

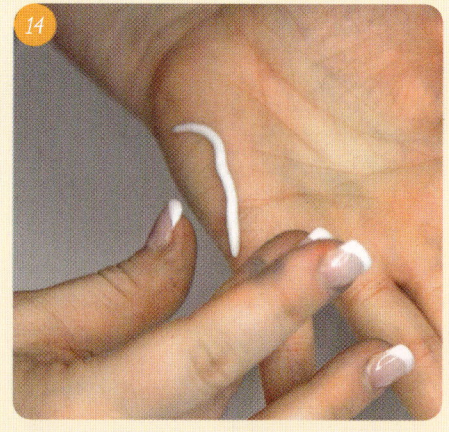

Aus wenig weißem Fondant einen ca. 5 cm langen, dünnen Strang rollen.

TAUFTORTE

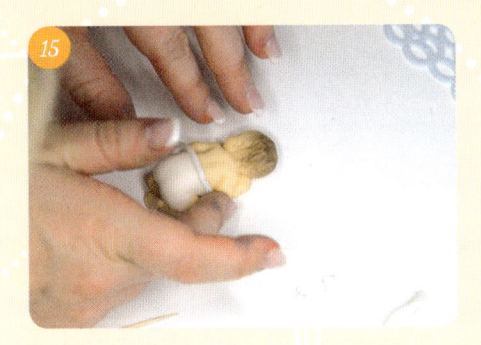

15 Den Strang um den Windelansatz kleben.

16 Aus sehr wenig dunkelblauem Modellierfondant ca. sechs kleine Kugeln formen, …

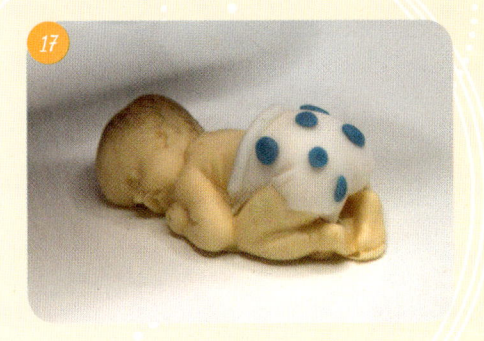

17 … als Pünktchen auf die Windel kleben und platt drücken.

18 Um die Schleife zu modellieren, werden aus insgesamt 80 g blauem Modellierfondant zwei gleich große, ca. 15 cm lange, 7 cm breite und 3 mm dicke Stränge ausgerollt.

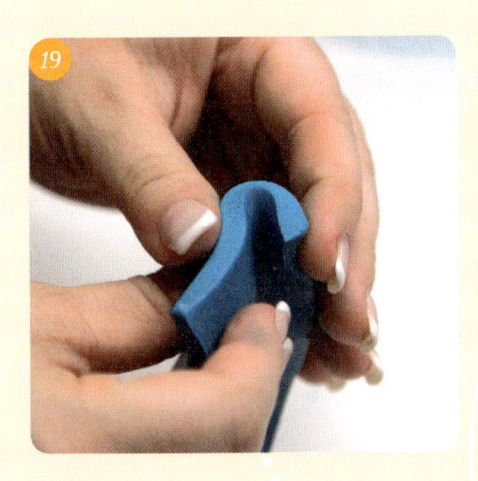

19 Den ersten Strang an den Enden auf beiden Seiten zur Mitte einschlagen.

20 Am besten zu einem Herz einschlagen, damit die Schleife Falten erhält.

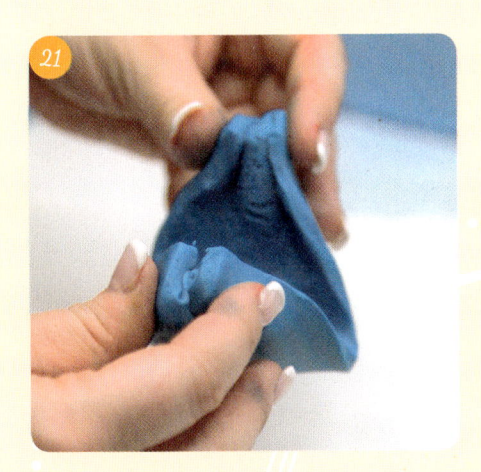

21 Die beiden Enden des Fondantstrangs zusammenfalten.

22 Die Schritte mit dem zweiten Strang wiederholen und beide Schleifenhälften zusammenstellen. Am besten alles erst zusammenkleben, wenn es auf der Torte ist, dann hat man weniger Probleme, wenn man die Schleife auf die Torte hebt.

FRÜHLING

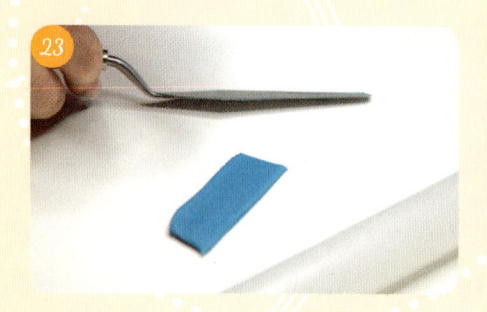

Für das Mittelstück der Schleife 5 g dunkelblauen Modellierfondant zu einem 2 cm breiten und 6 cm langen Rechteck ausrollen.

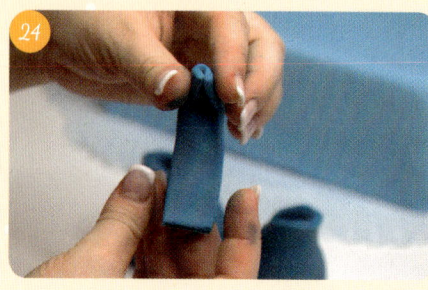

Auch hier werden auf beiden Seiten die Enden eingeschlagen.

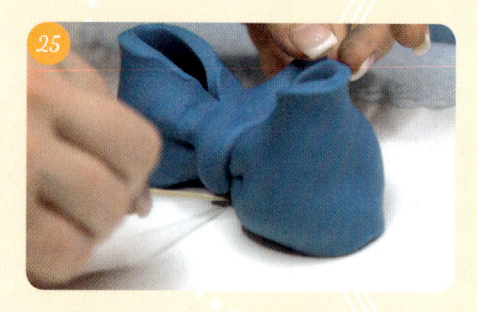

Das Mittelstück um die beiden großen Hälften legen.

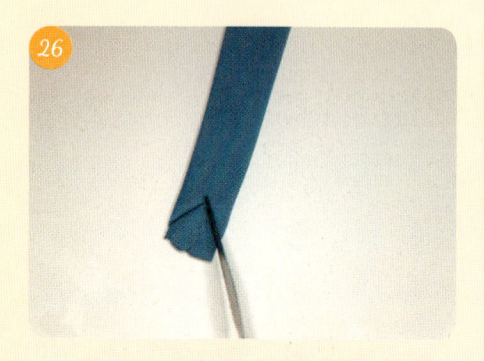

Die Schleifenbänder werden aus dem übrigen dunkelblauen Fondant geformt. Dafür zwei ca. 14 cm lange und 3 cm breite Streifen ausrollen und zurechtschneiden.

An jeweils einem Ende der beiden Schleifenbänder ein Dreieck ausschneiden.

Das erste Schleifenband auf der Torte platzieren und mit Zuckerkleber festkleben.

Das zweite Schleifenband so am ersten befestigen, dass die oberen Enden aufeinanderliegen.

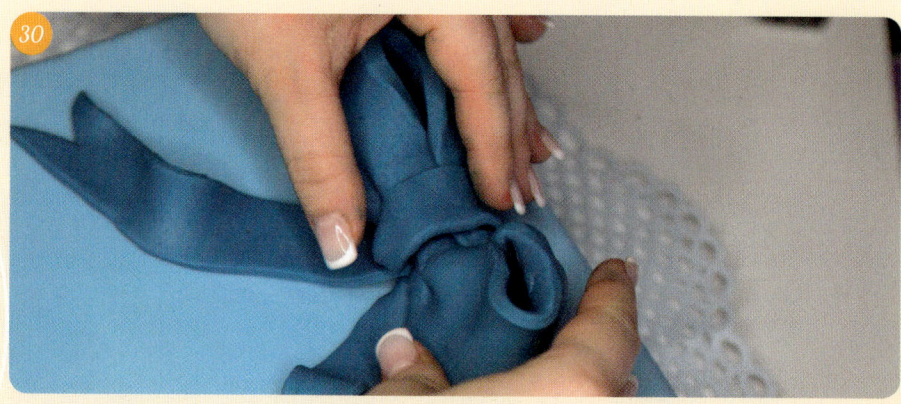

Auf die Bänder wird nun die Schleife gesetzt und festgeklebt. Dabei auch beide Schleifenteile und das Mittelstück mit Zuckerkleber aneinander befestigen.

TAUFTORTE

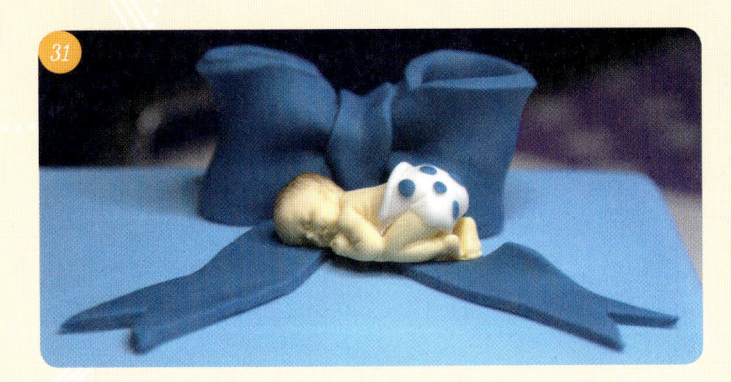

31. Schließlich wird das Baby vor die Schleife gelegt und mit Zuckerkleber befestigt.

32. Den Rand verzieren wir mit einem Couchmuster. Dafür mit einem Lineal am senkrechten Kuchenrand einen schrägen Streifen von oben nach unten eindrücken.

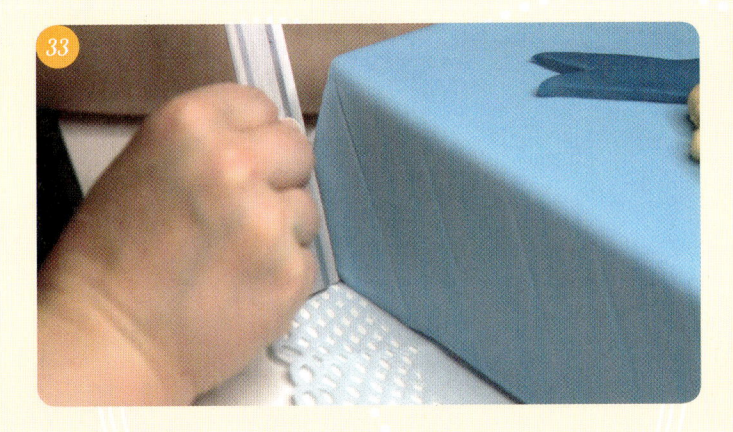

33. Dann mit dem Lineal parallel dazu und in regelmäßigen Abständen von jeweils ca. 2 cm weitere Linien rund um die ganze Torte ziehen.

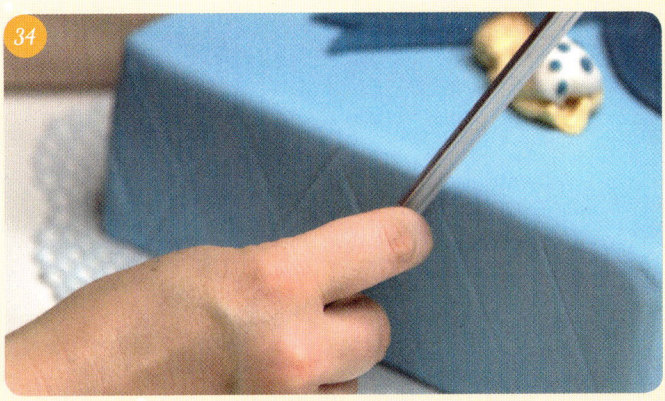

34. Quer zu den Streifen werden dann Linien gezogen, die jeweils einen unteren Punkt mit einem schräg darüberliegenden Punkt verbinden, sodass es in der Mitte Schnittpunkte gibt. Dabei entstehen Rauten.

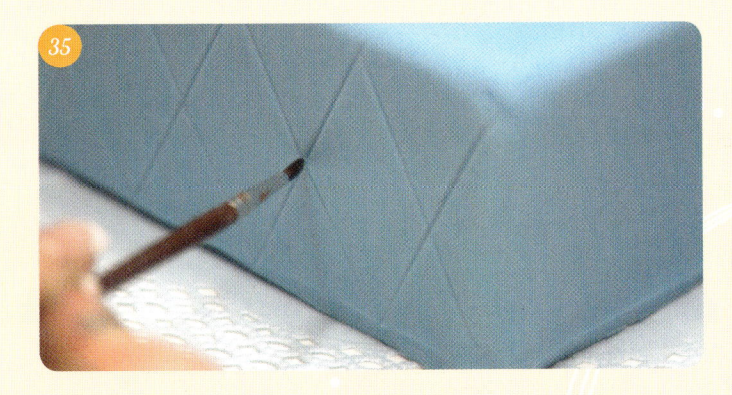

35. Die Schnittpunkte in der Mitte mit Zuckerkleber einstreichen.

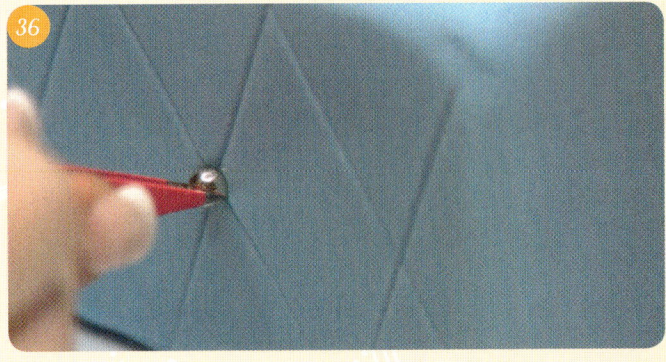

36. Mithilfe einer Pinzette in die Mitte große silberfarbene Zuckerperlen setzen und andrücken.

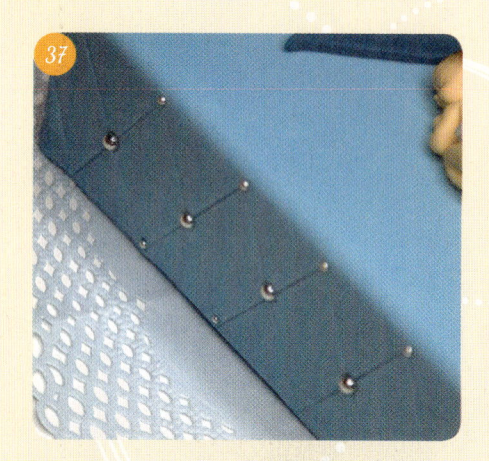

FRÜHLING

Unten und oben in den Schnittpunkten kleine silberfarbene Zuckerperlen festkleben.

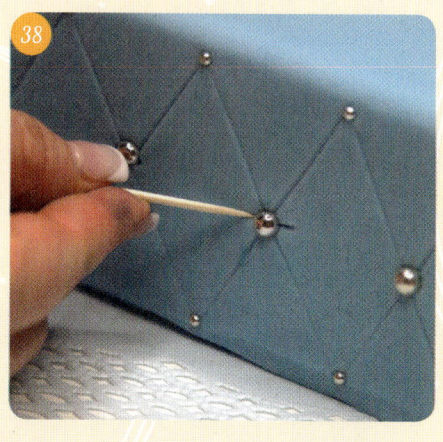

Mit einem Zahnstocher rechts und links der großen Perlen Couchfalten eindrücken.

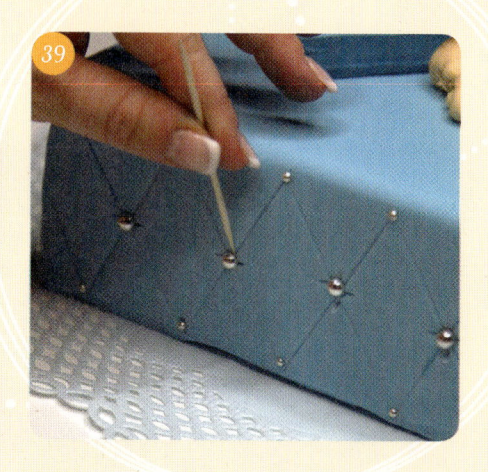

Oben und unten an den großen Zuckerperlen ebenfalls Falten eindrücken.

Videotipp
So verwendet man eine Silikonform.

Videotipp
Große Schleifen modellieren

Videotipp
Couchmuster leicht gemacht!

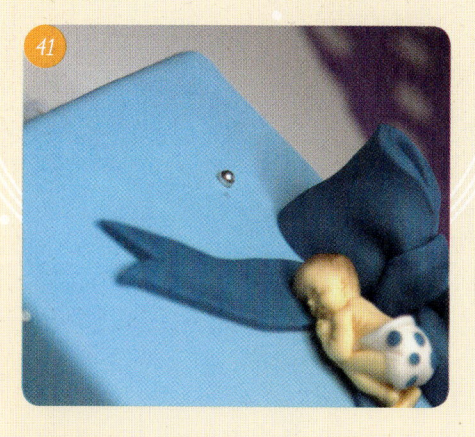

Neben das Baby …

… werden zwei Zuckerperlen geklebt.

41

FRÜHLING

Die Eulen sind los

Schwierigkeitsgrad

Zutaten für eine Torte
Tortenbasis: Torte mit 26 cm Durchmesser (Grundrezept 1 x)
Zum Eindecken der Tortenbasis: 750 g grüner Rollfondant
Rollfondant: Braun marmoriert: 150 g
Modellierfondant: Lila: 100 g; Weiß: 5 g; etwas Schwarz; Orange: 10 g; Pink: 15 g; Rosa: 10 g; Dunkelgrün: 10 g

Tipp Um weißen Fondant zu marmorieren, gibt man etwas von der entsprechenden Pastenfarbe mit einem Zahnstocher darauf. Danach knetet man die Farbe ein und dreht und zieht den Fondant dabei so lange, bis ein schönes Marmormuster entsteht. Dabei immer in die gleiche Richtung kneten.

Arbeitsmaterial
Rollstab, Messer oder Modellierwerkzeug zum Schneiden, Pinsel, rohe Spaghetti, Zahnstocher, Blüten- und Blätterausstecher mit Präger, Ball Tool, Foam Pad
Zuckerkleber

Dekozeit: 3 Std.

EULENTORTE

1. Zuerst den marmorierten braunen Rollfondant zu einem ca. 20 cm langen und gleichmäßig dicken Streifen rollen.

2. Den Streifen mithilfe des Rollstabes platt rollen.

3. Mit einem Messer oder Modellierwerkzeug zum Schneiden gut die obere Hälfte des Streifens zweimal längs einschneiden.

4. Die oberen Enden der drei Fondantzweige jeweils mit den Fingern spitz zusammendrücken.

5. Den Baum vorsichtig so auf die Torte legen, dass die Enden der Zweige bis an die Ränder der Torte reichen. Die drei Äste auf der Torte ausbreiten.

6. Mit etwas Zuckerkleber die Enden der Äste einstreichen und auf der Torte andrücken.

7. Den überstehenden Stamm am unteren Ende der Torte mit einem Messer oder Modellierwerkzeug zum Schneiden abschneiden.

8. Das Ende des Baumstamms mit etwas Kleber an der Torte festkleben.

FRÜHLING

9 Aus ca. 90 g lilafarbenem Modellierfondant eine längliche Kugel formen.

10 Für die Ohren mit Daumen und Zeigefinger am oberen linken Ende der Kugel ein Dreieck aus der Kugel herausdrücken.

11 Auf der rechten Seite ebenfalls ein Dreieck herausdrücken. Beide Ohren seitlich etwas platt drücken.

13 Aus dem weißen Modellierfondant zwei erbsengroße Kugeln formen. Dabei ein wenig von diesem Fondant für das Augeninnere aufheben.

14 Die Kugeln platt drücken. Das erste Auge mit etwas Zuckerkleber im Kopfbereich der Eule befestigen.

15 Das andere Auge ebenfalls mit Kleber bestreichen und neben dem ersten Auge befestigen.

16 Den jeweils unteren Teil der weißen Augen mit etwas Zuckerkleber bestreichen.

EULENTORTE

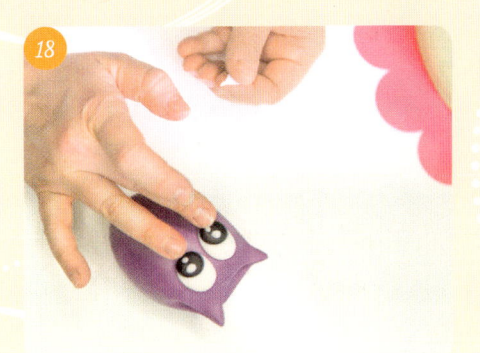

17 Aus dem schwarzen Modellierfondant für das Augeninnere zwei kleine Kugeln formen, diese etwas platt drücken und auf dem mit Kleber bestrichenen weißen Fondant ankleben.

18 Mit dem übrigen weißen Fondant jeweils zwei kleine Punkte ins schwarze Augeninnere kleben; so wirkt es, als würden die Augen schimmern.

19 Aus etwa einem Drittel des orangefarbenen Fondants für den Schnabel einen 2 cm langen Strang formen und beide Enden so zusammendrücken, dass ein Dreieck entsteht.

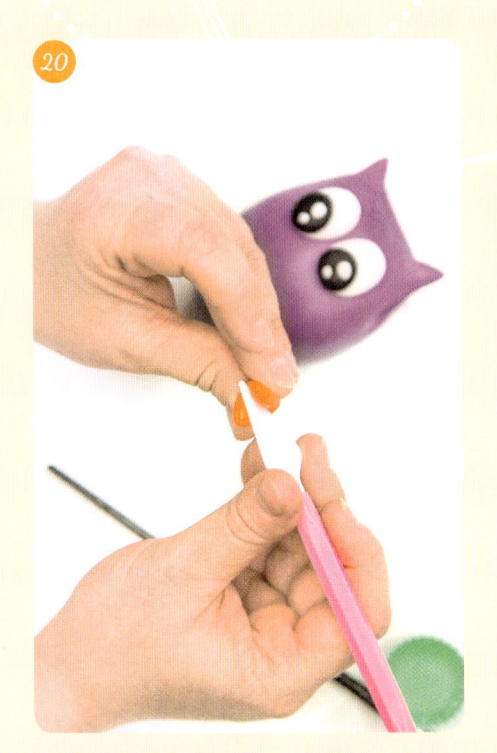

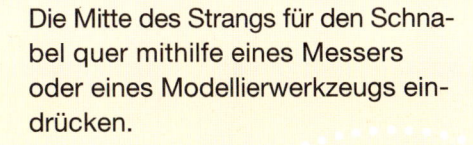

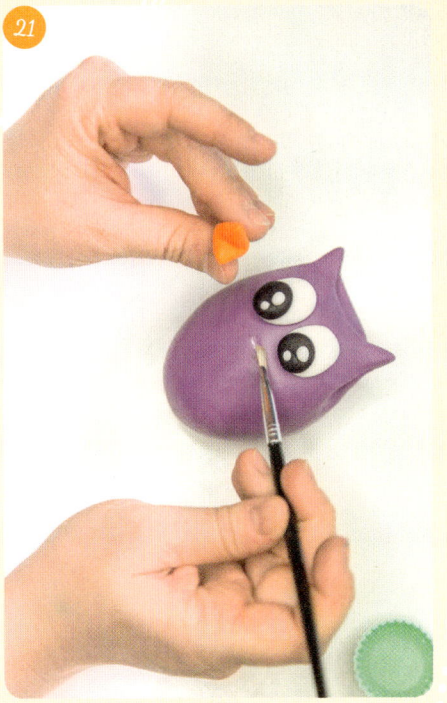

20 Die Mitte des Strangs für den Schnabel quer mithilfe eines Messers oder eines Modellierwerkzeugs eindrücken.

21 Den Strang an der eingedrückten Naht zusammendrücken, sodass die beiden Spitzen übereinanderliegen. Etwas Kleber unten zwischen den Augen auftragen.

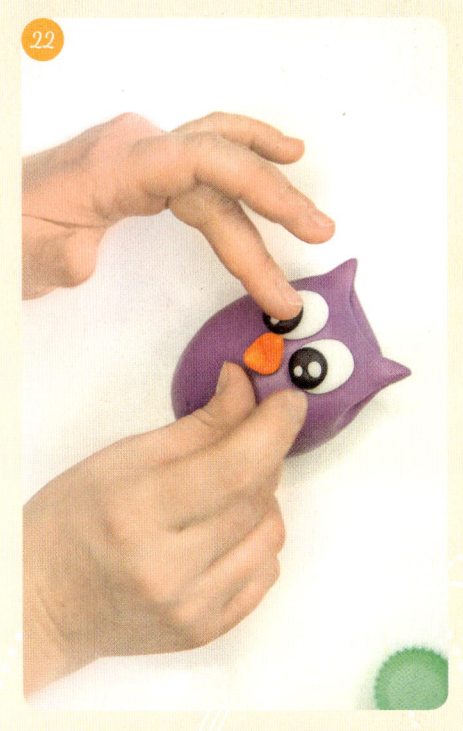

22 Den Schnabel am hinteren, breiten Ende flach andrücken und auf die mit Zuckerkleber eingestrichene Stelle kleben.

FRÜHLING

Aus ca. 5 g pinkfarbenem Fondant elf kleine, flache Tropfen formen.

Am unteren Ende der Eule Kleber auftragen.

Mittig unten vier pinkfarbene Tropfen darauf befestigen.

Die nächsten vier Tropfen direkt über den unteren ankleben; sie sollen leicht überlappen.

Drei weitere Tropfen mittig über den anderen befestigen.

Für die Flügel aus dem restlichen lila Fondant zwei je ca. 5 cm lange Stränge formen, die auf einer Seite spitz zulaufen.

Das spitze Ende des ersten Flügels platt zusammendrücken.

Den Flügel an der platten Seite mit etwas Zuckerkleber einstreichen und seitlich an den Eulenkörper drücken.

EULENTORTE

31 Mit dem zweiten Strang genauso verfahren und auf der anderen Seite befestigen.

32 Mit einem rohen Spaghetti die Eule auf der Torte befestigen.

33 Den Spaghetti dazu in Zuckerkleber tauchen oder damit einstreichen und vorsichtig in die Eule stecken.

34 Dann die Eule vorsichtig auf die Torte stecken.

35 Für die Füße zwei erbsengroße Kugeln aus dem restlichen orangefarbenen Fondant rollen.

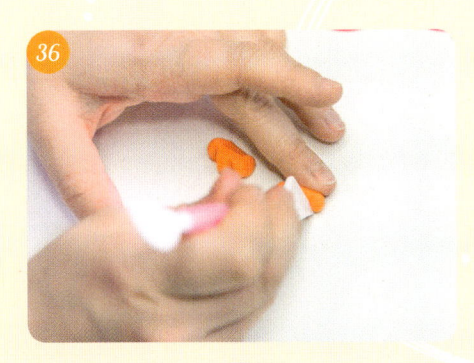

36 Die Füße etwas länglich rollen und vorne mit einem Messer von oben nach unten zweimal einschneiden.

37 Die Füße dann mit etwas Zuckerkleber am unteren Ende der Eule befestigen.

38 Die angeklebten Füße noch einmal mit einem Messer oder Modellierwerkzeug vorsichtig festdrücken.

FRÜHLING

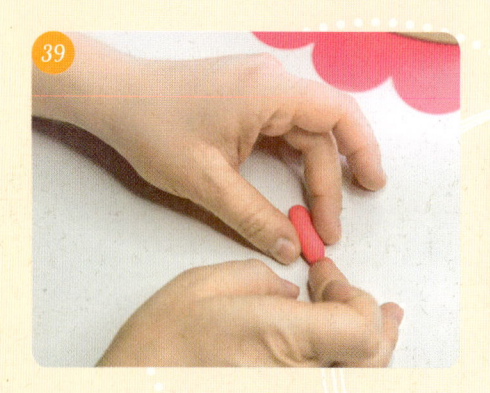

39 Für die Schleife 7 g pinkfarbenen Fondant verwenden. Ein kleines Stück beiseitelegen, den Rest zu einem ca. 2 cm langen Strang rollen.

40 Den Strang mit dem Rollstab platt rollen.

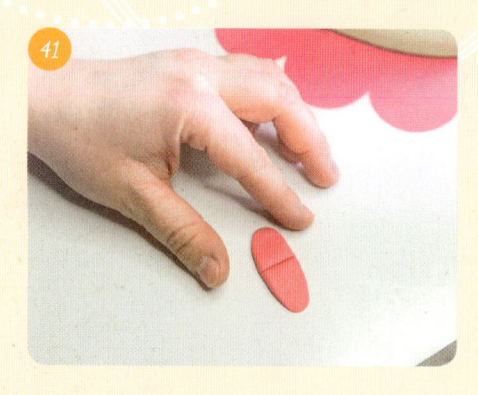

41 Den Strang in der Mitte quer auseinanderschneiden.

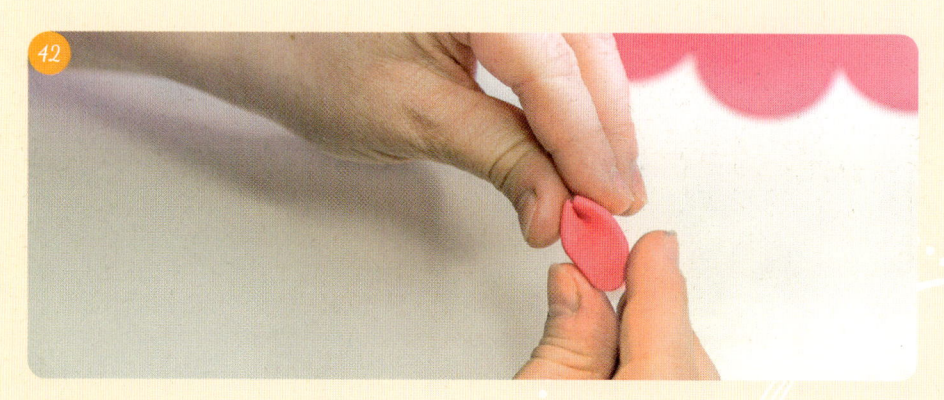

42 Beide Enden einer Schleifenhälfte nach vorne zusammendrücken, die Enden übereinanderklappen und diese Enden aneinander befestigen. Das Gleiche macht man mit der zweiten Hälfte.

43 Die beiden Hälften an den zusammengefalteten Enden miteinander verbinden und mit Zuckerkleber aneinander befestigen.

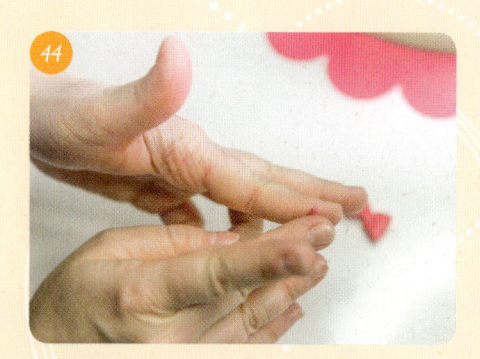

44 Aus dem beiseitegelegten pinkfarbenen Fondant ein schmales Band rollen.

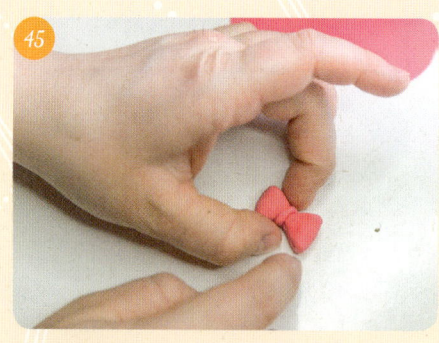

45 Das Band um die Mitte der Schleife legen und mit Zuckerkleber festkleben.

46 Mit einem Zahnstocher von der Mitte ausgehend Falten in die Schleife einritzen.

49

EULENTORTE

47 Die Schleife mit Zuckerkleber oben am Kopf der Eule befestigen.

48 Mit einem Messer oder einem Modellierwerkzeug zum Schneiden Struktur in den Baum einritzen.

49 Mithilfe von Blüten- und Blätterausstechern den Baum dekorieren.

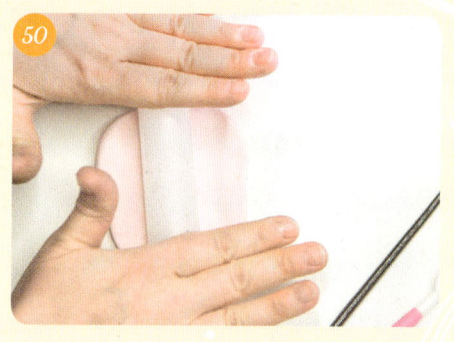

50 Dafür den rosafarbenen Fondant mit dem Rollstab ausrollen.

51 Den Blütenausstecher in den Fondant stechen und den Stempel herunterdrücken, um eine Struktur auf der Blume zu erhalten.

52 Mit einem Messer oder Modellierwerkzeug zum Schneiden die Blume aufnehmen.

53 Die Blätter der Blüte mit dem Ball Tool auf dem Foam Pad etwas platt drücken, also ausdünnen.

54 Die ausgedünnte Blüte mit Zuckerkleber einstreichen und am Baum befestigen.

FRÜHLING

55 Aus dem restlichen pinkfarbenen Fondant …

56 … eine kleine Kugel formen und in das Innere der Blume kleben. Auf die gleiche Weise weitere Blüten formen und befestigen.

57 Den dunkelgrünen Fondant für die Blätter ausrollen.

58 Mit den Ausstechern ca. sechs Blätter formen. Dabei den Ausstecher in den Fondant stechen und den Stempel herunterdrücken, um eine Struktur zu erhalten.

59 Die Blätter mit Zuckerkleber auf der Torte am Baum befestigen.

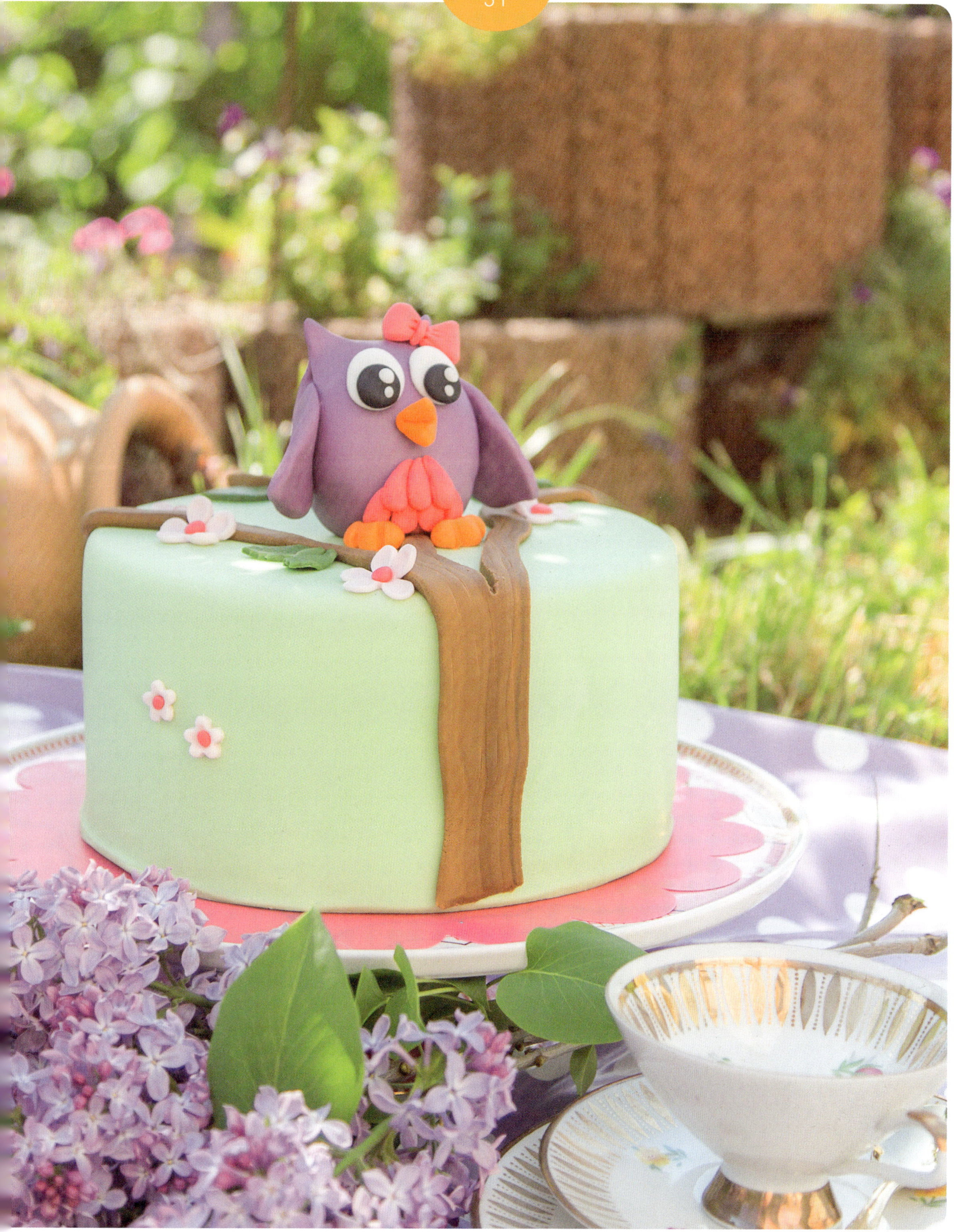

It's barbecue time

SOMMER

Schwierigkeitsgrad

Zutaten für eine Torte
Tortenbasis: Torte mit 26 cm Durchmesser (Grundrezept 1 x)
Zum Eindecken der Tortenbasis: 750 g schwarzer Rollfondant
Rollfondant: Grau: 160 g
Modellierfondant: Schwarz: 20 g; Braun: 10 g; Hautfarbe: 100 g; Rot marmoriert: 20 g; etwas Weiß; Gelb: 10 g; Grün: 10 g; Rot: 10 g

Tipp Um den Fondant zu marmorieren, gibt man etwas rote Pastenfarbe mit einem Zahnstocher auf weißen Fondant. Danach knetet man die Farbe ein und dreht und zieht den Fondant dabei so lange, bis ein schönes Marmormuster entsteht. Dabei immer in die gleiche Richtung kneten.

Arbeitsmaterial
Clay Extruder oder Sugarcraft Gun, Pinsel, Messer oder Modellierwerkzeug zum Schneiden, Lineal, rohe Spaghetti, Zahnstocher, Taschentücher, Schaschlikspieß Zuckerkleber, Metallicfarbe Silber, Lebensmittelstift Schwarz, Lebensmittelspray Glanz

Dekozeit: 2 Std. zzgl. 90 Min. Trockenzeit

GRILLTORTE

1 Für den Grillrost formt man aus ca. 80 g grauem Rollfondant einen ca. 80 cm langen und 5 mm dicken Strang. Der Strang sollte um den äußeren Rand der Torte passen. Diesen Strang entweder mit der Hand rollen …

2 … oder den Strang aus einem Clay Extruder oder einer Sugarcraft Gun drücken. Diese beiden Werkzeuge arbeiten nach dem Prinzip einer Knoblauchpresse; ihre Anschaffung lohnt sich, wenn man öfter Motivtorten machen möchte.

3 Den Kuchen am äußeren Rand rundherum mit einem schmalen Streifen Zuckerkleber einstreichen.

4 Den grauen Fondantstrang rundum auf dem Kleberstreifen befestigen.

5 Mit einem Messer oder dem Modellierwerkzeug zum Schneiden den überschüssigen Rest an der Schnittstelle abschneiden.

6 Um die Stangen für den Grillrost gleichmäßig in einem Abstand von jeweils ca. 5 cm auf dem Kuchen positionieren zu können, zieht man mithilfe eines Lineals …

SOMMER

7 … parallele Linien mit Zuckerkleber auf der Torte.

8 Den übrigen grauen Fondant zu einem ca. 110 cm langen und 5 mm dicken Strang formen. Die benötigten Stangenlängen zuschneiden und diese dann auf den gezogenen Kleberlinien befestigen. Überschüssigen Fondant abschneiden.

10 Das Grillgitter mit silberfarbener Metallicfarbe anmalen.

11 Für das erste Griffelement aus 10 g schwarzem Modellierfondant einen 6 cm langen und 1,2 cm dicken Strang rollen. Diesen dann in der Mitte teilen.

12 In jedes Griffelement ein Stück rohen Spaghetti stecken, der ca. 2 cm herausragt.

13 Den ersten Spaghetti in einem schrägen Winkel von oben nach unten in den Kuchen stecken.

14 Das zweite Griffelement 2–3 cm daneben auf die gleiche Weise in den Kuchen stecken.

GRILLTORTE

15 Für den ersten Holzgriff aus der Hälfte des braunen Modellierfondants einen ca. 4 cm langen und 1,2 cm dicken Strang rollen. Ein genauso langes Stück Spaghetti in Kleber tauchen und vollständig in den Griff drehen, damit er von innen stabilisiert wird.

16 Den Griff auf den schwarzen Griffelementen ankleben. Mit einem Taschentuch stabilisieren. Für den zweiten Griff die Schritte wiederholen. Beide Griffe in ca. 1 Stunde vollständig trocknen lassen. Dann erst die Taschentücher entfernen.

17 Ein wenig hautfarbenen Modellierfondant abnehmen und den Rest zu zwei Würsten rollen. Diese dann an den Enden spitz zulaufen lassen.

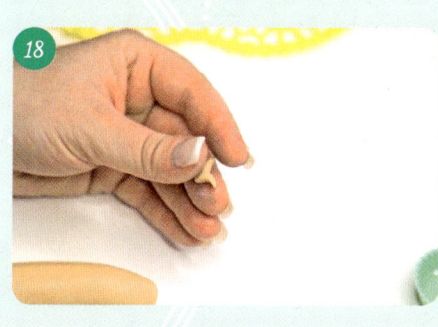

18 Für die Wurstenden aus dem abgenommenen hautfarbenen Fondant vier kleine Dreiecke formen.

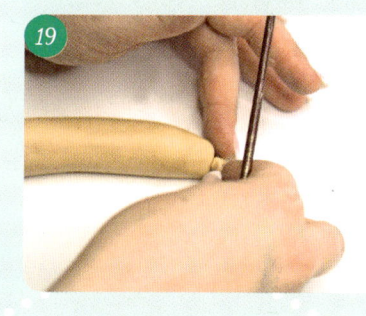

19 Die Fondantdreiecke mit etwas Zuckerkleber an die Enden der Würste kleben.

20 Danach mit einem Zahnstocher kleine Rillen in die beiden Würste drücken.

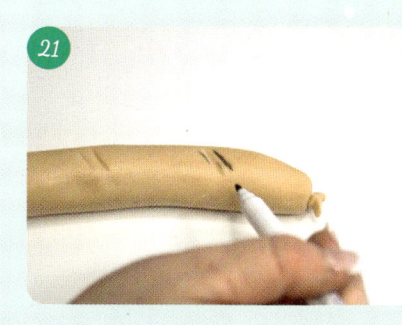

21 Die kleinen Rillen werden mit einem schwarzen Lebensmittelstift leicht angemalt.

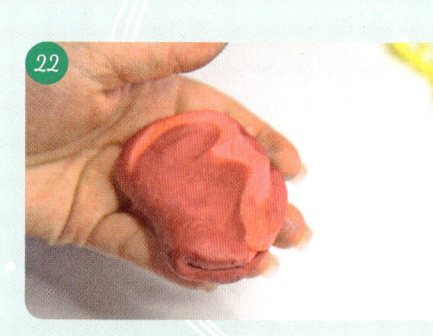

22 Den rot marmorierten Modellierfondant platter rollen, sodass er die Form eines Fleischstücks erhält.

SOMMER

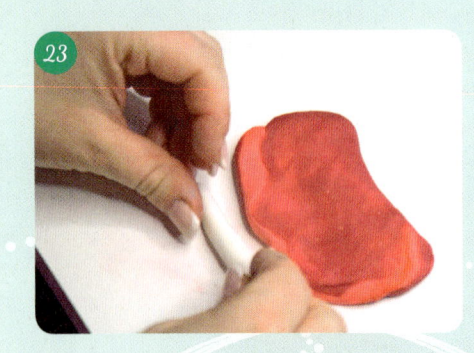

23. Etwas weißen Modellierfondant zu einem Strang rollen und an das rote Fleischstück kleben.

24. Das Fleischstück etwas platt drücken, sodass man eine gerade Fläche erhält.

25. Um einen Paprikaspieß zu modellieren, benötigen wir gelben, grünen und roten Modellierfondant.

26. Aus dem Fondant insgesamt sechs unregelmäßig dicke und verschieden große Scheiben formen. Die Farben abwechselnd anordnen.

27. Einen halbierten Schaschlikspieß vorsichtig durch die Mitte der Paprikascheiben stechen.

28. Nachdem Gemüsespieß, Würste und Fleisch in ca. 30 Minuten angetrocknet sind, das Grillgut auf dem Grill verteilen und mit Zuckerkleber festkleben.

29. Das Glanz-Lebensmittelspray verwenden, damit Fleisch und Gemüse einen natürlichen Glanz bekommen.

Videotipp
Lebensmittelspray richtig verwenden

57

SOMMER

Fußball ist unser Leben

Schwierigkeitsgrad

Zutaten für eine Torte
Tortenbasis: Torte mit 26 cm Durchmesser (Grundrezept 1 x)
Zum Eindecken der Tortenbasis: 750 g weißer Rollfondant
Modellierfondant: Gelb: 10 g; Schwarz: 90 g
Rollfondant: Schwarz: 25 g; Weiß: 52 g; Grün: 75 g

Arbeitsmaterial
Rollstab, Messer oder Modellierwerkzeug zum Schneiden, rohe Makkaroni, Pinsel, Schuhsohlenschablone, Taschentücher, sechseckige Schablone mit 6 cm Kantenlänge, Kamm-Modellierwerkzeug, Teller mit ca. 20 cm Durchmesser
Zuckerkleber, Metallicfarbe Silber

Dekozeit: 4 Std. zzgl. 12 Std. Trockenzeit

FUSSBALLTORTE

1

Für das Eckfähnchen 8 g gelben Modellierfondant ca. 5 mm dick ausrollen. Daraus eine Fahne ausschneiden; die beiden geraden Seiten sollten jeweils ca. 5 cm lang sein.

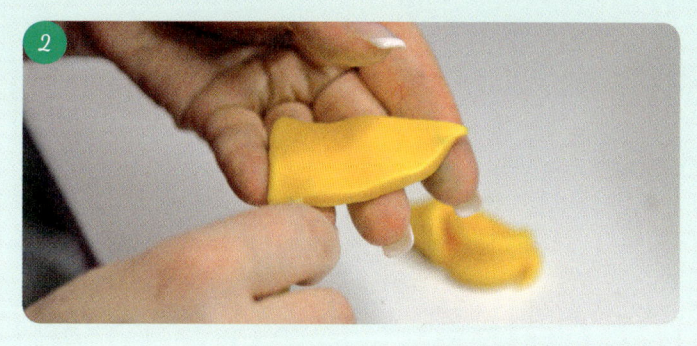

2

Für die Fahnenstange eine ca. 15 cm lange Makkaroni mit Zuckerkleber einstreichen und an einer der geraden Seiten mit kreisenden Bewegungen vorsichtig in die Fahne einführen. Die Fahne über Nacht trocknen lassen.

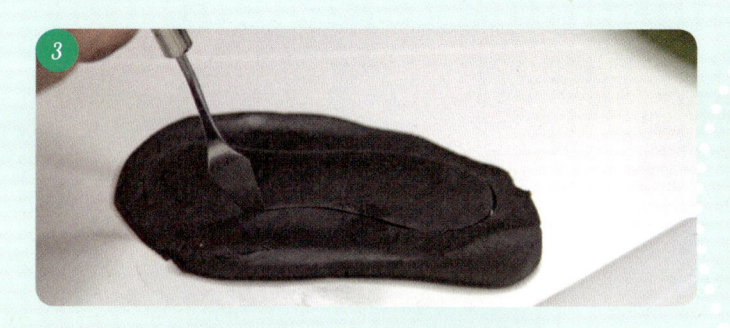

3

Für den ersten Fußballschuh ca. 10 g schwarzen Modellierfondant 5 mm dick ausrollen. Daraus dann mithilfe der Schablone eine ca. 10 cm lange Schuhsohle ausschneiden.

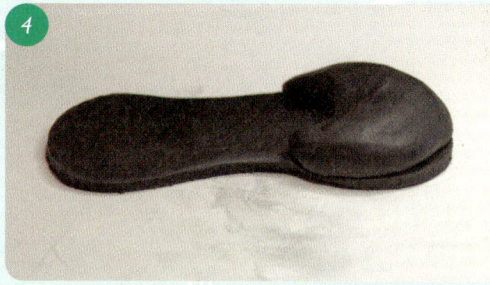

4

Aus 7 g schwarzem Modellierfondant einen 2 cm dicken Strang rollen. Daraus einen Halbmond formen und auf dem vorderen Teil der Schuhsohle als Zehenkappe festkleben.

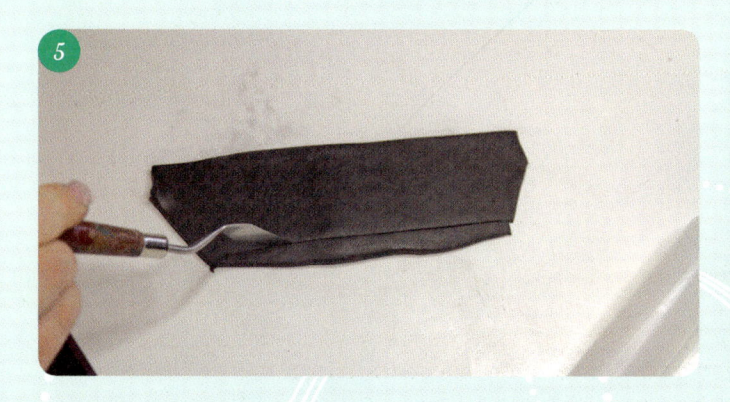

5

Für das Seitenteil des Schuhs 15 g schwarzen Modellierfondant 5 mm dick ausrollen. Daraus dann einen 5 cm breiten und ca. 14 cm langen Streifen ausschneiden. Die Enden des Streifens auf je einer Seite schräg zuschneiden; diese Seite liegt später oben.

6

Um die Sohle wird nun das Seitenteil angebracht. Den Rand der Sohle mit Kleber einstreichen und das Seitenteil rundum andrücken. Dabei zuerst die Mitte des Seitenteils am hinteren Schuhteil anlegen, damit man das Seitenteil gleichmäßig um den Schuh legen kann.

SOMMER

7 Für die Lasche 8 g schwarzen Modellierfondant ausrollen und einen ca. 10 cm langen und 6 cm breiten Streifen, der oben abgerundet und unten gerade geschnitten ist, ausschneiden.

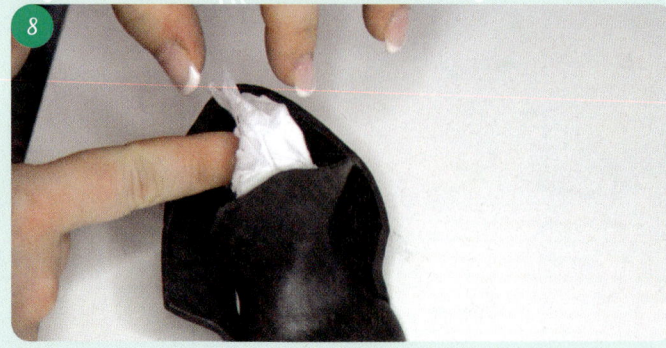

8 Die Lasche mit der geraden Seite auf die Zehenkappe kleben und in die Seitenteile legen. Die Seitenteile unten an der Lasche ankleben. Die Lasche vorsichtig mit einem Taschentuch stabilisieren, …

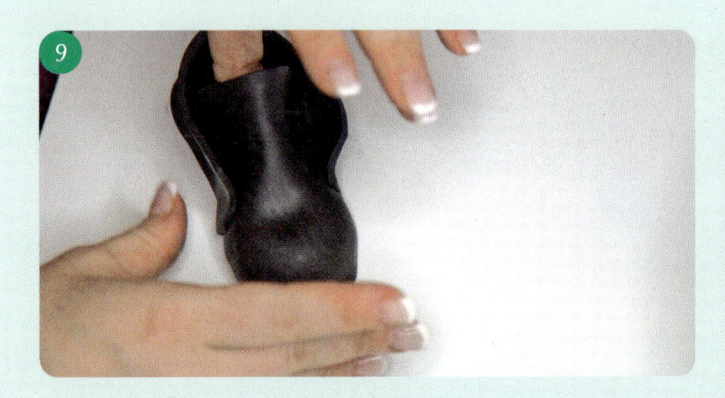

9 … bis der Schuh getrocknet ist.

10 Auf beiden Seiten des Seitenteils mit dem Ende des Pinsels drei Löcher mit ca. 7 mm Durchmesser einstechen. Die Löcher müssen größer als die Schnürsenkel sein.

11 Aus 5 g schwarzem Modellierfondant einen ca. 5 mm dicken und 20 cm langen Strang formen.

12 Den Schnürsenkel aus Fondant vorsichtig …

13 … durch die Löcher im Schuh fädeln.

FUSSBALLTORTE

14 Den zweiten Schuh auf die gleiche Weise modellieren. Die Schuhe ca. 12 Stunden trocknen lassen.

15 Ein wenig gelben Fondant beiseitelegen. Aus dem Rest für die Stollen zwölf haselnussgroße Kugeln formen. Diese zwischen den Fingern länglich und auf einer Seite etwas dünner rollen. An der breiten Seite flach drücken.

16 Die kegelförmigen Stollen ebenfalls ca. 12 Stunden trocknen lassen.

17 Den schwarzen Rollfondant ausrollen und mithilfe einer Schablone aus Papier vier Sechsecke mit 6 cm Kantenlänge ausschneiden.

18 Das erste Sechseck mit Zuckerkleber auf dem Tortenrand befestigen und andrücken. Der Abstand nach oben und unten sollte gleich sein.

19 45 g weißen Rollfondant ausrollen und daraus mithilfe der Papierschablone insgesamt acht Sechsecke ausschneiden.

20 Neben das schwarze Sechseck auf beiden Seiten je zwei weiße Sechsecke aufkleben, dabei immer einen Abstand von ca. 1,5 cm zueinander halten. Dann wieder ein schwarzes Sechseck anbringen und das Ganze wiederholen, bis der Tortenrand voll ist.

21 Für eine Naht am Fußball bzw. an den Sechsecken wird hier ein Kamm-Modellierwerkzeug verwendet, das viele kleine Zacken hat.

SOMMER

22 Damit werden gleichmäßige Nähte rund um die Sechsecke eingedrückt.

23 Zwischen den Sechsecken werden die Nähte genau in die Mitte eingedrückt.

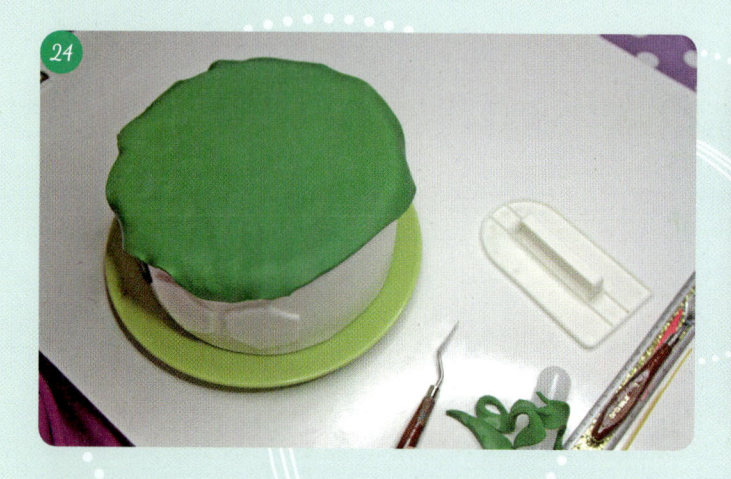

24 Den grünen Rollfondant zu einem Kreis mit einem Durchmesser von ca. 26 cm ausrollen und auf die Torte legen.

25 Einen Teller mit ca. 20 cm Durchmesser als Schablone mittig auf die Torte legen und den überschüssigen grünen Fondant abschneiden.

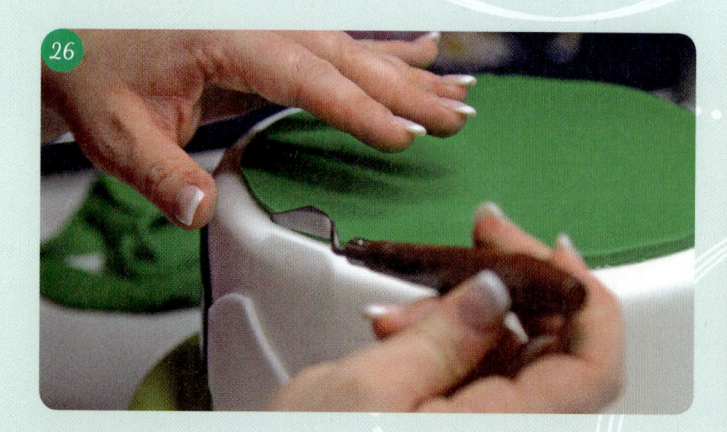

26 Den Rand des Spielfeldes etwas an der Torte andrücken.

27 5 g weißen Rollfondant dünn ausrollen. Daraus zwei je 20 cm lange und 1 cm breite Streifen schneiden.

FUSSBALLTORTE

28 Zuckerkleber in zwei Streifen, die am Spielfeldrand im rechten Winkel stehen, auf dem grünen Feld für die Spielfeldecke auftragen.

29 Den ersten weißen Fondantstreifen auf das grüne Spielfeld kleben und Überstehendes am Rand des Feldes abschneiden.

30 Den zweiten Streifen im rechten Winkel zum ersten aufkleben. An der Schnittstelle mit dem ersten Streifen abschneiden.

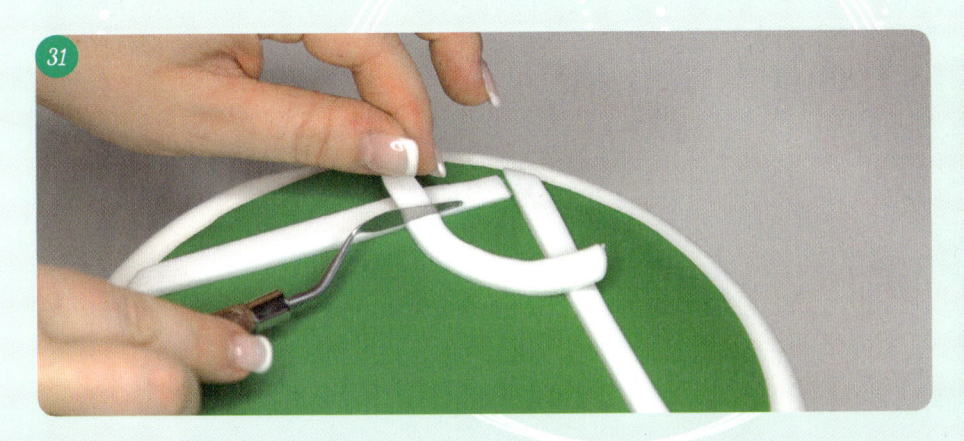

31 Aus einem Teil des übrig gebliebenen weißen Fondants einen ca. 7 cm langen und 1 cm breiten Streifen formen. Diesen als halbrunden Streifen zwischen den beiden Feldlinien ankleben; das markiert den Eckstoßpunkt.

32 Eine kleine Kugel aus weißem Fondant formen und etwas platt drücken. In der Mitte der Ecke festkleben.

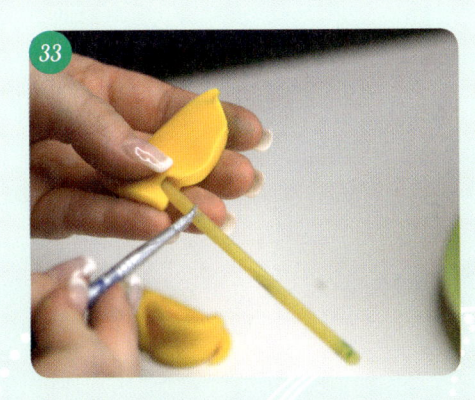

33 Den Mast der getrockneten Eckfahne mit silberfarbener Metallicfarbe anmalen.

34 Die Fahne in die Spielfeldecke der Torte stecken.

SOMMER

35

Für das Muster auf den getrockneten Schuhen werden aus dem beiseitegelegten gelben Modellierfondant 1 cm lange, dünne Streifen geformt. Vier werden auf die Kappe des ersten Schuhs geklebt.

36

An den Seiten der Schuhkappe werden jeweils drei weitere gelbe Fondantstreifen angeklebt. Diese Schritte für das Streifenmuster auf dem zweiten Fußballschuh wiederholen.

37

Den ersten Stollen an der flachen, breiteren Seite auf der Unterseite des ersten Schuhs ankleben, den zweiten daneben anbringen.

38

Weitere vier gelbe Stollen an den ersten Schuh kleben. Das Gleiche mit den Stollen für den zweiten Fußballschuh machen.

39

Den ersten Fußballschuh in der Mitte der Torte platzieren.

40

Den zweiten Schuh an den Stollen mit Zuckerkleber bepinseln und auf den ersten stellen.

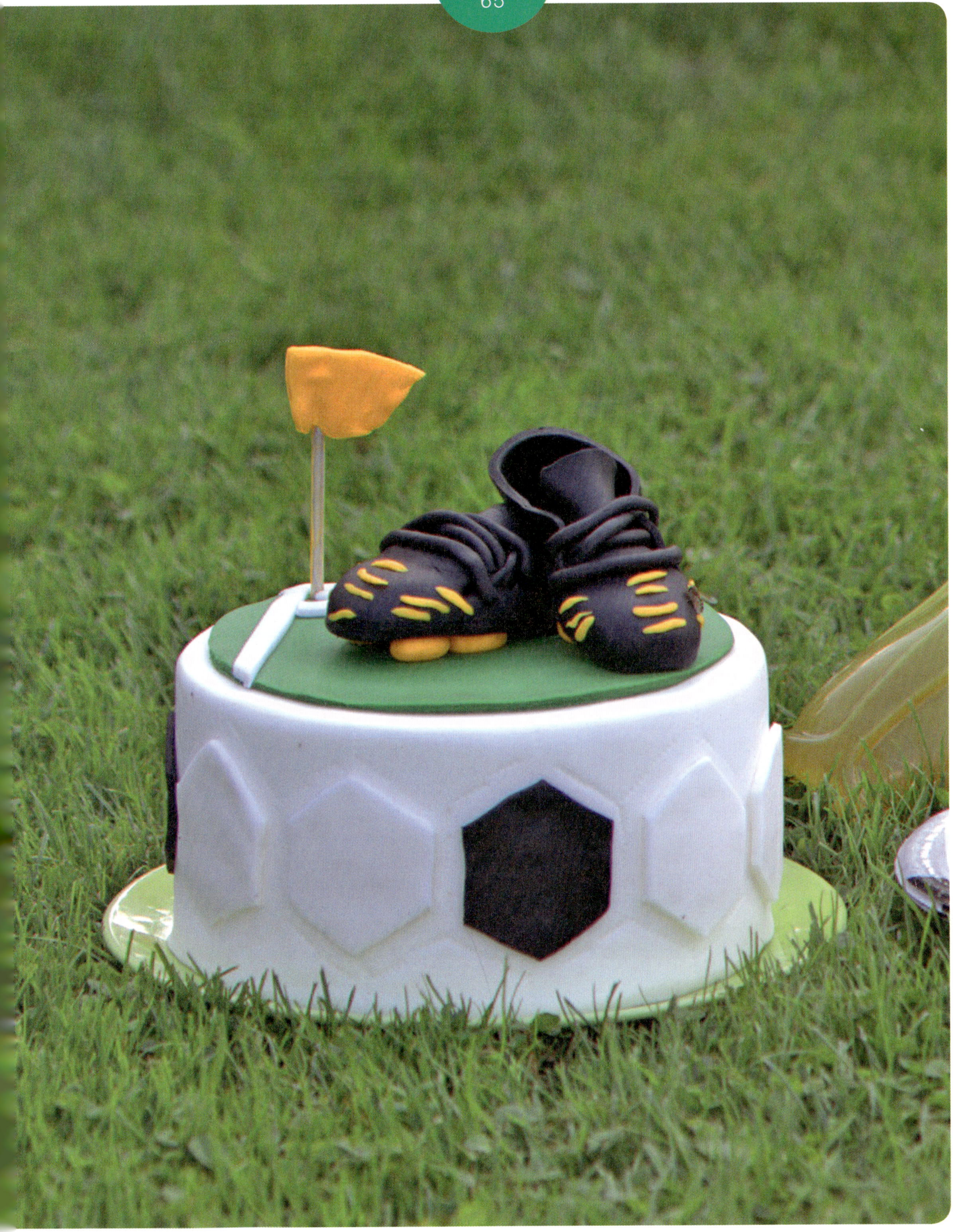

SOMMER

Ab ins Beet!

Schwierigkeitsgrad

Zutaten für eine Torte
Tortenbasis: Torte mit 26 cm Durchmesser (Grundrezept 1 x) und Torte mit 15 cm Durchmesser oder Giant-Cupcake-Unterteil (Grundrezept 0,5 x)
Zum Eindecken der Tortenbasis: große Torte eingedeckt mit 750 g grünem Rollfondant, kleine Torte oder Giant Cupcake eingedeckt mit 150 g terracottafarbenem Rollfondant
Blütenpaste: Dunkelgrün: 50 g; Gelb: 40 g; Dunkelgelb: 20 g; Rosa: 5 g
Rollfondant: Weiß: 150 g
Modellierfondant: Grau: 25 g; Gelb: 25 g; etwas Dunkelgelb; Dunkelbraun: 6 g

Tipp
Terracotta erhält man, indem man etwas braune und orangefarbene Lebensmittelfarbe mischt. Diese dann mit der entsprechenden Menge weißem Rollfondant verkneten.
Die hier benötigte Eiweißspritzglasur stellt man aus einer Mischung aus 2 Eiweiß und 500 g Puderzucker her.

Tipp
Bei dem Giant Cupcake handelt es sich um eine zweiteilige Silikonbackform in Form eines Riesen-Cupcakes. Für den Blumentopf verwendet man das Unterteil dieser Form, da es eine schöne Topfstruktur hat.

Arbeitsmaterial
Cel Board, Rollstab, Blätterausstecher in verschiedenen Größen mit Präger, mit Papier ummantelter Floristendraht (Größe: 30 gauge), Foam Pad, Ball Tool, Gerberablüten-Ausstecher mit Auswerfer, Taschentücher, Schmetterlingsausstecher mit Präger (2–4 cm), sechs Bambusstäbe in der Höhe der großen Torte, Platte in der Größe der oberen Torte (z. B. Cake Card), Kohlebleistift, Pinsel, Messer oder Modellierwerkzeug zum Schneiden, Zahnstocher, Floristenband Zuckerkleber, Eiweißspritzglasur, Schokoladenkuchenkrümel oder geraspelte Schokolade nach Geschmack, Metallicfarbe Silber

Dekozeit: 5 Std. zzgl. 12 Std. Trockenzeit

GARTENTORTE

Tipp Verwendet man eine Giant-Cupcake-Backform, sollte der Kuchen oben begradigt werden; Kuchenreste können als Erde benutzt werden. Danach kann man den Kuchen mit Ganache oder Buttercreme einstreichen und mit dem Fondant einfach eindecken. Wird eine runde Backform mit 15 cm Durchmesser verwendet, sollte der Kuchen noch zugeschnitten werden. Dafür einen Rührkuchen backen, da der sich besser schneiden lässt. Mit einem scharfen Messer den Kuchen nach unten hin abschrägen. Danach mit Ganache oder Buttercreme einstreichen, eindecken und mit einem Schaschlikspieß die Rippen des Topfes eindrücken.

1 Für die Äste zuerst aus der Hälfte der grünen Blütenpaste einen Strang rollen und auf ein Cel Board legen, um Blätter auszustechen.

2 Den Strang auf dem Cel Board ausrollen. Wir verwenden hier Blätterausstecher in unterschiedlichen Größen.

3 Den ersten Ausstecher so ansetzen, dass die Rille des Cel Boards in der Mitte des Ausstechers liegt. Das erste Blatt ausstechen.

4 Den Präger nach unten drücken, um Struktur auf dem Blatt zu erhalten.

5 Die Blütenpaste rund um das Blatt ablösen.

SOMMER

7 Zum Verbinden der Blätter Floristendraht verwenden, der mit Papier ummantelt ist.

8 Den Draht in etwas Zuckerkleber tauchen.

9 Den Kleber an der Hand abstreichen, damit nicht zu viel in das Blatt eingeführt wird.

10 Auf der Rückseite des Blattes ist die Rille sichtbar.

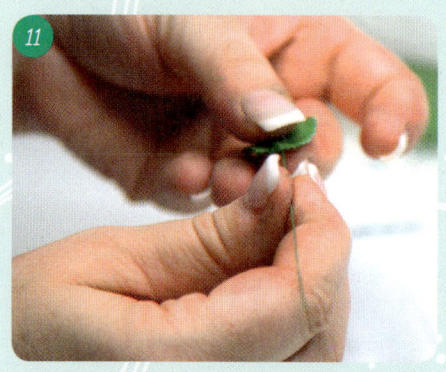

11 In diese Rille vorsichtig und langsam …

12 … den mit Kleber versehenen Draht einführen.

13 Das Blatt auf dem Foam Pad mit dem Ball Tool an den Rändern vorsichtig ausdünnen.

14 Auf die gleiche Weise aus der ganzen grünen Blütenpaste 13 weitere Blätter herstellen. Dann die Blätter über Nacht, also ca. 12 Stunden trocknen lassen.

GARTENTORTE

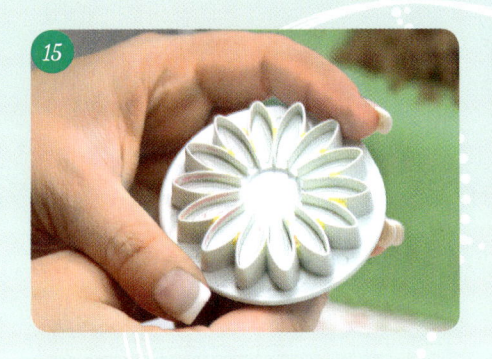

15 Für die Sonnenblumen benutzen wir die Gerberablüten-Ausstecher mit Auswerfer.

16 Dafür 10 g der gelben Blütenpaste dünn ausrollen und auf den Ausstecher legen.

17 Dann mit dem Rollstab über die Paste auf dem Blütenausstecher rollen.

18 Die überschüssige Paste rund um die ausgestochene Blüte nach unten hin ablösen.

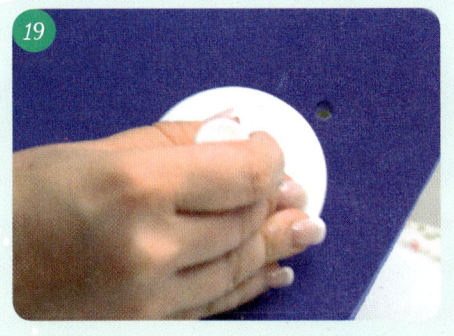

19 Um kleine Fetzen zu vermeiden, den Ausstecher mit der Blütenpaste über das Foam Pad reiben.

20 Die Blüte auswerfen, indem man den Stempel drückt, und in einen Taschentuchring legen. Der mittlere Teil liegt dabei etwas tiefer als die Blütenblätter.

21 Auf die gleiche Weise insgesamt vier gelbe und zwei dunkelgelbe Blüten vorbereiten und in Taschentuchringen 1–2 Stunden trocknen lassen.

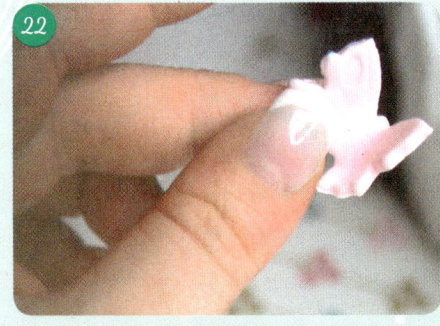

22 Für die Schmetterlinge die rosafarbene Blütenpaste 2 mm dünn ausrollen. Zwei Schmetterlinge ausstechen und leicht gebogen ca. 1 Stunde trocknen lassen.

23 Zum Stabilisieren den ersten zugeschnittenen Bambusstab in einem Abstand von ca. 10 cm vom Rand in die große, grün eingedeckte Torte stecken.

SOMMER

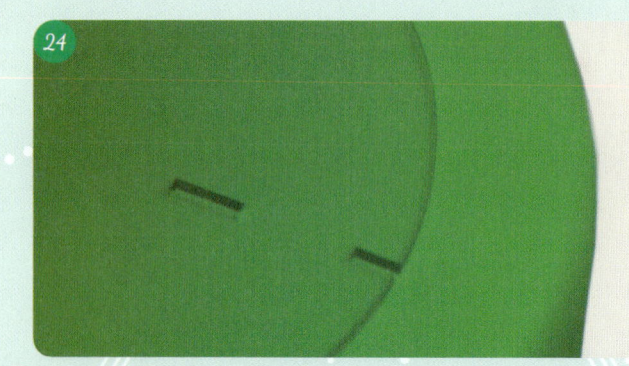

24 Die Tortenplatte auf die große Torte (mittig über den bereits hineingesteckten Bambusstab) legen und mit einem Kohlebleistift fünf Markierungen in regelmäßigen Abständen am Rand der Platte setzen, damit das Gewicht der oberen Torte später auch gleichmäßig verteilt wird.

25 Die fünf Stäbe an den gekennzeichneten Stellen in die Torte stecken. Dann die Torte mit den Stäben mit Eiweißspritzglasur einstreichen, damit die Platte darauf kleben bleibt.

26 Das zweite Stockwerk auf die untere Torte setzen.

27 Für den Zaun einen langen Streifen aus weißem Rollfondant ausrollen, der ca. 8 cm breit ist. Den Streifen in ca. zehn jeweils ca. 2 cm breite Stücke schneiden.

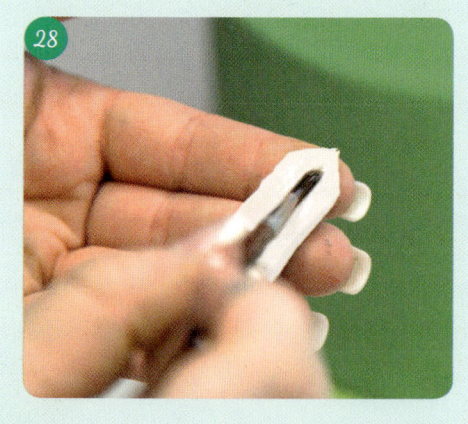

28 Die Streifen oben spitz zuschneiden und mit Zuckerkleber einstreichen.

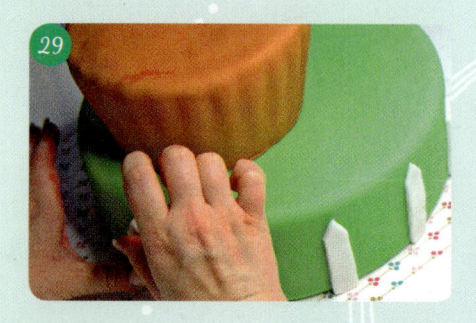

29 Die Pfosten jeweils in einem Abstand von ca. 8 cm zueinander auf den unteren Tortenrand kleben. Sie sollen unten mit der Torte abschließen.

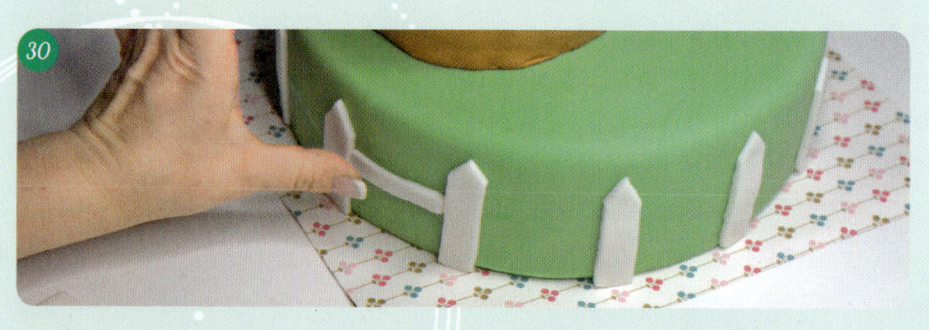

30 Den übrigen weißen Rollfondant zu einem Streifen ausrollen. Daraus jeweils ca. 8 cm lange Zwischenstücke für den Zaun am Tortenrand schneiden. Zwischen zwei Pfosten immer einen Querstreifen kleben.

GARTENTORTE

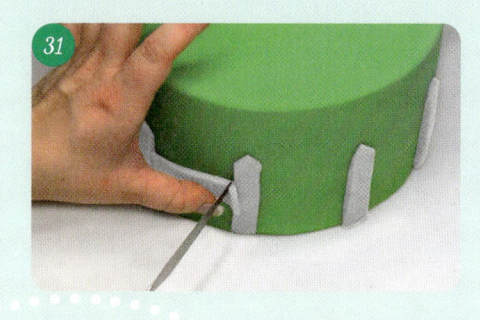

31 Sind die Streifen zu lang, mit einem Messer den überschüssigen Fondant abschneiden.

32 Wer mag, ritzt zum Schluss in den Zaun mit einem Messer noch Holzoptik ein.

33 Für die Erde bei Bedarf den Schokoladenkuchen zerkrümeln oder geraspelte Schokolade verwenden.

34 Etwas Zuckerkleber auf die obere Torte streichen. Einen Teil der Krümel daraufstreuen.

35 Auch auf den unteren Kuchen etwas Kleber streichen und mit den übrigen Krümeln „Erde" daraufstreuen.

36 Für die Gartenschaufel gut 20 g grauen Modellierfondant ca. 12 cm lang, 5 cm breit und 5 mm dick ausrollen und länglich als vorderen Teil der Schaufel ausschneiden.

37 Die Schaufel vorne anspitzen, indem man sie mit zwei Fingern zusammendrückt, und hinten gerade abschneiden. Aus der Hälfte des übrigen grauen Fondants ein 1 cm langes Verbindungsstück an das Ende kleben.

38 Aus gelbem Modellierfondant den Griff ca. 10 cm lang und 2 cm breit formen.

SOMMER

39 Den Griff mit Zuckerkleber am Verbindungsstück festkleben.

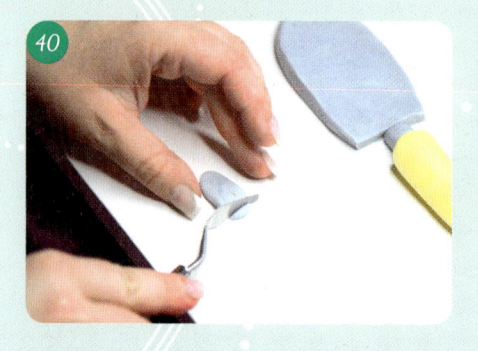

40 Für den zweiten Teil des Verbindungsstücks aus dem restlichen grauen Fondant einen 1,5 cm langen und 1 cm breiten Streifen ausschneiden.

41 Den Streifen mittig auf dem Schaufelende befestigen.

42 Aus dunkelgelbem Modellierfondant kleine Punkte formen und diese auf den Griff kleben.

43 Mit einem Zahnstocher Rillen in den vorderen Teil des Verbindungsstücks drücken.

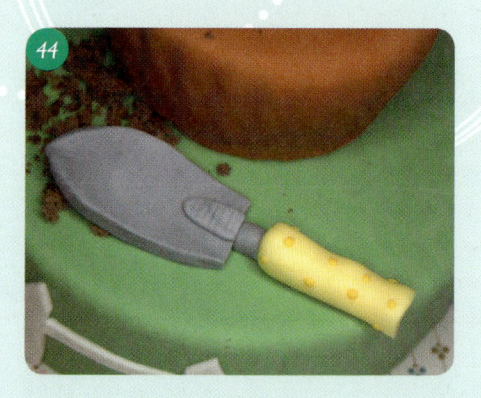

44 Die Schaufel auf der unteren Torte platzieren und mit Zuckerkleber befestigen.

45 Den vorderen, grauen Teil der Schaufel mit der silberfarbenen Metallicfarbe anmalen.

46 Wenn die Blüten getrocknet sind, auf einer dunkelgelben und zwei gelben Blüten in der Mitte Zuckerkleber auftragen.

GARTENTORTE

47 Jeweils immer zwei gleichfarbige Blüten aufeinandersetzen und ankleben.

48 Die Mitte der ersten oberen Blüte mit ein wenig Zuckerkleber einstreichen.

49 Aus 2 g dunkelbraunem Modellierfondant eine Kugel formen, unten flach drücken und in die Blütenmitte legen.

50 Mithilfe eines Zahnstochers kleine Löcher in den braunen Fondant stechen.

51 Die übrigen Blüten auf die gleiche Weise fertigstellen. Die Blüten auf den Topf, also auf den oberen Kuchen legen und ankleben.

52 Für die Blätterranken bzw. für die Äste ca. 10 cm Floristenband abschneiden.

53 Das Band am Blattende am Draht ansetzen und fest zuziehen. Dann 1 cm nach unten wickeln.

54 Das zweite Blatt ansetzen. Am Blattende anfangen, das Band um den Draht nach unten zu wickeln.

SOMMER

55 Nach 1 weiteren cm …

56 … das dritte Blatt dazubinden.

57 Die Blätter in die Torte zu den Blumen stecken. Drei weitere Äste mit unterschiedlicher Anzahl von Blättern modellieren.

Tipp Um die Äste bzw. Blätterranken auf der Gartentorte zu befestigen, kann man den Draht z. B. in dünne Strohhalme geben und diese dann in die Torte stecken. Damit der Draht in den Röhrchen noch mehr Halt bekommt, können sie vorher mit etwas Fondant gefüllt werden.

58 Dann einen Schmetterling auf die Torte kleben …

59 … und den anderen auf eine Blüte setzen.

Tipp Die Stäbe und Platten zum Stabilisieren der Torte benötigt man dann, wenn man gefüllte Kuchen verwendet. Nimmt man Trockenkuchen, braucht man das nicht.

Videotipp
(Efeu-)Blätter für eine Ranke

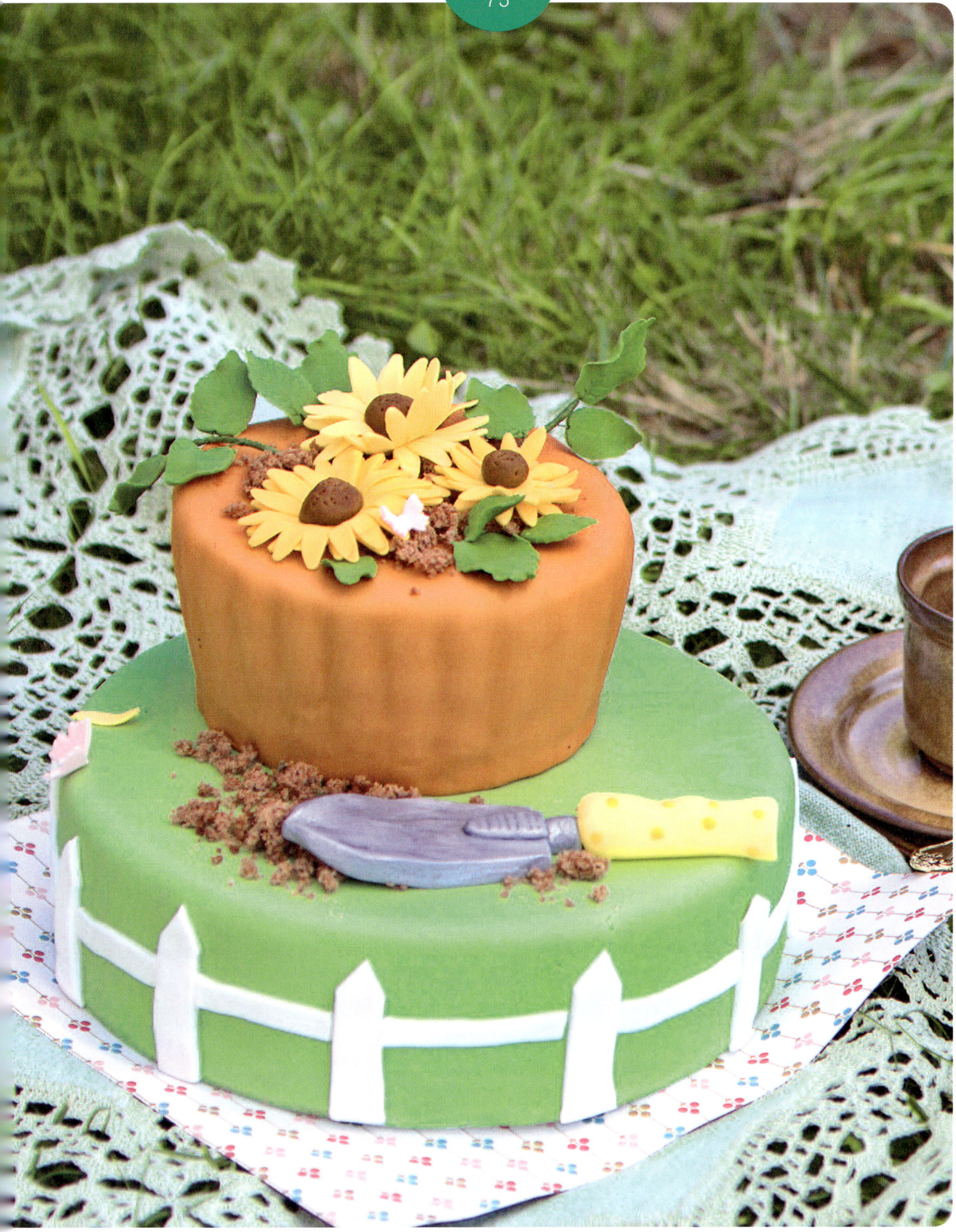

SOMMER

Ja, ich will!

Schwierigkeitsgrad

Zutaten für eine Torte
Tortenbasis: je eine Torte mit 26 cm, 20 cm, 15 cm Durchmesser (Grundrezept 1 x, 1 x, 0,5 x)
Zum Eindecken der Tortenbasis: 1550 g weißer Rollfondant (für die große Torte 750 g, für die mittlere 500 g, für die kleine 300 g)
Blütenpaste: Rot: 70 g; Dunkelrot: 20 g; Dunkelgrün: 30 g
Modellierfondant: Weiß: 25 g

Tipp   Die hier benötigte Eiweißspritzglasur stellt man aus einer Mischung aus 2 Eiweiß und 500 g Puderzucker her.

Arbeitsmaterial
„JA!"-Schablone (ca. 10 cm hoch), Rollstab, Messer oder Modellierwerkzeug zum Schneiden, Pinsel, Zahnstocher, mit Papier ummantelter Floristendraht (Größe: 30 gauge), Styroporplatte, Cell Board, Efeublatt- und Rosenblattausstecher, Foam Pad, Ball Tool, Floristenband grün, zwölf Bambusstäbe, Kohlebleistift, Gartenschere, Schmirgelpapier, Platten in der Größe der oberen Torten (z. B. Cake Cards), Randverzierungsausstecher, Lineal, Pinzette
Zuckerkleber, Eiweißspritzglasur, Lebensmittelspray Perlmuttglanz

Dekozeit: 5 Std. zzgl. 12 Std. Trockenzeit

HOCHZEITSTORTE

1 Eine Schablone mit JA! ausdrucken und ausschneiden. 30 g rote Blütenpaste 4 mm dick und in der Größe der Schablone ausrollen. Die Schablone auf die Blütenpaste legen.

2 Dann aus der Blütenpaste die Buchstaben und das Ausrufezeichen mit einem Messer oder mit einem Modellierwerkzeug zum Schneiden ausschneiden.

3 Die überschüssige Blütenpaste rund um die Buchstaben herum ablösen.

Tipp Die Initialen des Brautpaares wären hier eine schöne Alternative.

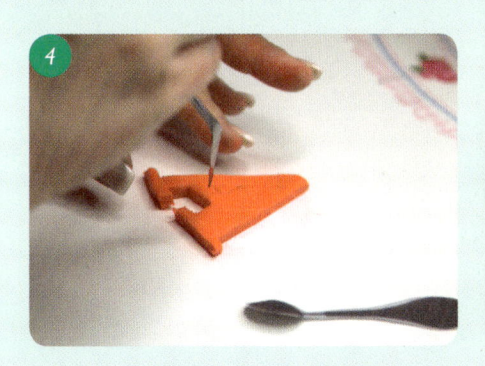

4 Das innere Mittelstück sorgfältig aus dem A lösen und Fransen rund um den ausgeschnittenen Fondant entfernen.

5 Drei mit Zuckerkleber eingestrichene Zahnstocher vorsichtig in drehenden Bewegungen in Buchstaben und Satzzeichen einführen.

6 Buchstaben und Ausrufezeichen über Nacht, also ca. 12 Stunden trocknen lassen.

7 Für die erste Blüte aus ca. 2 g roter Blütenpaste einen dicklichen Kegel formen.

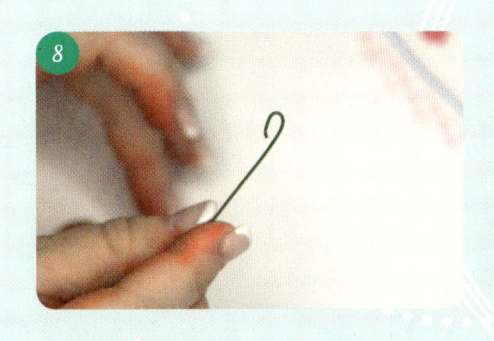

8 Einen ca. 12 cm langen Floristendraht an einem Ende zu einem Haken biegen.

9 Den Draht in Zuckerkleber tauchen und überschüssigen Kleber an der Hand abstreichen.

SOMMER

10 Den Draht mit der gebogenen Seite in das dicke Ende des roten Kegels stecken.

11 Den Blumenkegel in eine Styroporplatte stecken. Auf die gleiche Weise einen weiteren roten und einen dunkelroten Kegel formen. Die Kegel ca. 12 Stunden trocknen lassen.

12 Für die Efeublätter die grüne Blütenpaste zu einem Strang formen …

13 … und auf dem Cel Board ausrollen.

14 Aus der Paste das erste Efeublatt ausstechen. Dabei den Ausstecher so ansetzen, dass eine Rille des Cel Boards in der Mitte des Ausstechers liegt. Das Blatt ablösen.

15 Floristendraht in Zuckerkleber tauchen und dann vorsichtig in die dicke Rille des ausgestochenen Efeublattes einführen.

HOCHZEITSTORTE

16 Das Blatt auf ein Foam Pad geben und mit dem Ball Tool ausdünnen. Auf diese Weise ca. zehn Blätter herstellen. Auch die Blätter über Nacht trocknen lassen.

17 Wenn die Kegel getrocknet sind, für die erste Rose 10 g rote Blütenpaste 1–3 mm dünn ausrollen und mit dem Rosenblattausstecher insgesamt zwölf Rosenblätter ausstechen.

18 Die Blätter auf das Foam Pad setzen und mit dem Ball Tool …

19 … jedes Rosenblatt an den Rändern ausdünnen.

20 Beim Ausdünnen werden die Blätter automatisch wellig und sie erhalten dadurch eine natürliche Form.

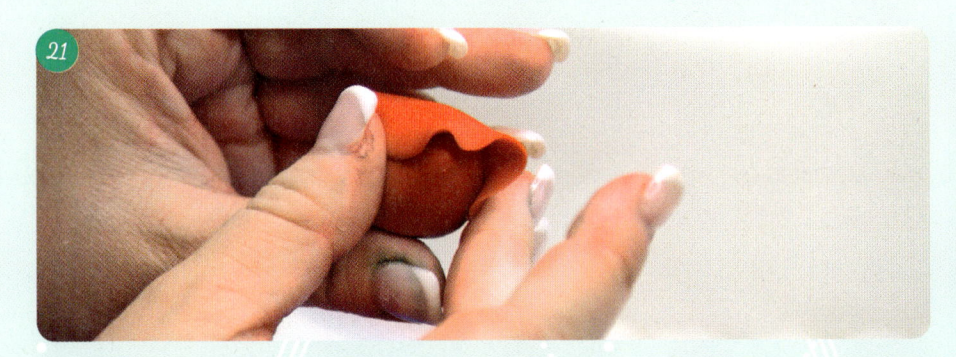

21 Die spitz zulaufende untere Seite des ersten Blattes mit ein wenig Zuckerkleber bestreichen und unten um einen der roten Kegel legen. Den Kegel am Draht festhalten und das Blatt andrücken. Dabei darauf achten, dass das Blatt oben fast geschlossen am Kegel liegt.

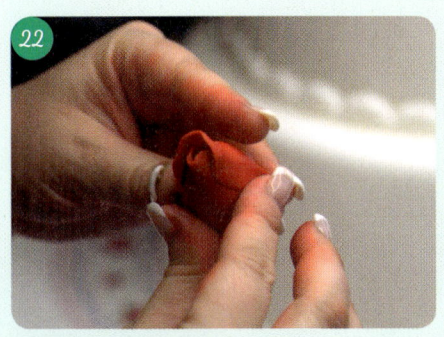

22 Das zweite Blatt auf der gegenüberliegenden Seite des Kegels anlegen und oben ziemlich geschlossen halten.

SOMMER

23 Weitere vier Blätter überlappend um den Kegel legen und die Rosenblätter sich immer etwas weiter öffnen lassen.

24 Für eine geschlossene Rose die weiteren sechs Blätter nach dieser Art ankleben.

25 Auf die gleiche Weise aus dunkelroter Blütenpaste und dem getrockneten dunkelroten Kegel eine weitere Rose formen.

26 Für eine offene Rose die Hälfte der restlichen roten Blütenpaste dünn ausrollen und sechs Blätter ausstechen. Diese inneren sechs Blätter wie bei der geschlossenen Rose anbringen. Für die äußeren Blätter die übrige Blütenpaste auf einem Cel Board ausrollen und sechs Blätter ausstechen. Die Rille muss dabei mittig unter dem Ausstecher liegen.

27 Die Rosenblätter vom Cel Board ablösen, auf mit Zuckerkleber bestrichenen Floristendraht spießen und auf dem Foam Pad mithilfe des Ball Tools ausdünnen.

28 Dann die Rosenblätter an der Rose befestigen. Die Blütenblätter oben etwas nach außen drücken.

29 Die einzelnen Blütenblätter werden mit Floristendraht fixiert und mit Floristenband umwickelt.

30 Die fertigen Rosenblüten für ca. 1 Stunde trocknen lassen.

HOCHZEITSTORTE

31 Den ersten Bambusstab in die Mitte der größten, also der untersten eingedeckten Torte stecken. Auf den Stäben sitzt später die Tortenplatte und damit das ganze Gewicht der oberen Torten.

32 Mit dem Kohlebleistift die Stelle am Stab markieren, an der er aus der Torte kommt.

Tipp Ein Kohlebleistift, wie hier verwendet, ist lebensmittelecht!

33 Den Bambusstab an der markierten Stelle mit einer Gartenschere durchschneiden und dann weitere fünf Stäbe mit der gleichen Länge zuschneiden.

34 Die abgeschnittenen Enden der Stäbe mit Schmirgelpapier glätten.

35 Die erste Platte mittig auf die unterste Torte legen und fünf Markierungen am Rand der Platte setzen. Die Markierungen sollen in einem Abstand von ca. 8 cm zueinander sein. Wichtig ist es, dass sie in einem immer gleichen Abstand zueinander stehen, damit sich das Gewicht der oberen Torten gleichmäßig verteilt.

SOMMER

36 Alle sechs Stäbe an den gekennzeichneten Stellen in die Torte stecken.

37 Die Torte mit den Stäben mit Eiweißspritzglasur einstreichen, damit die Platte darauf kleben bleibt.

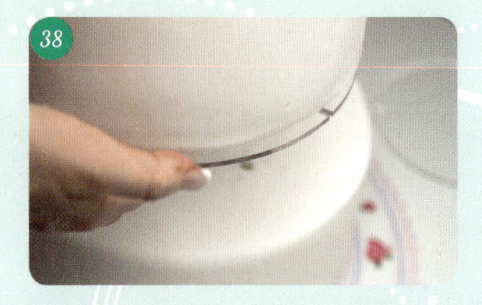

38 Das zweite Stockwerk mit der passenden Platte vorsichtig auf die untere Torte setzen.

39 Mit dem nächsten Stockwerk genauso verfahren.

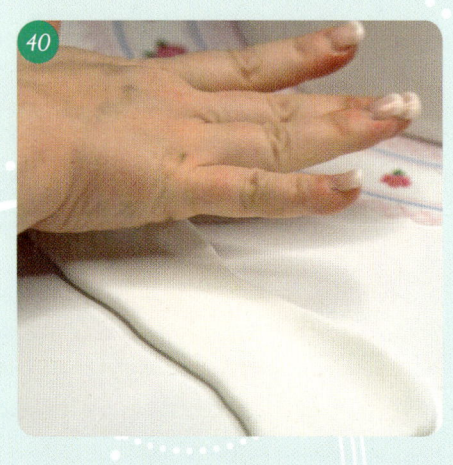

40 Für die Bordüren der einzelnen Torten zuerst aus 10 g weißem Modellierfondant einen 30 cm langen Strang formen und diesen mit dem Rollstab flach ausrollen.

41 Mit dem Randverzierungsausstecher eine Bordüre für den unteren Kuchen ausstechen. Alternative: ein Seidenband oder einfaches gerades Stoffband in Weiß verwenden.

42 Den Ausstecher auf den Fondant drücken.

43 Den Ausstecher abnehmen und die Bordüre 2 cm unter den Zacken mit einem Messer abschneiden. Dafür am besten ein Lineal verwenden.

HOCHZEITSTORTE

44 Den unteren Rand der untersten Torte rundum mit Zuckerkleber einstreichen.

45 Die Bordüre vorsichtig von der Arbeitsfläche lösen und auf die Torte kleben. Achtung: Die Fondantbordüre verzieht sich sehr leicht, alternativ Blütenpaste verwenden.

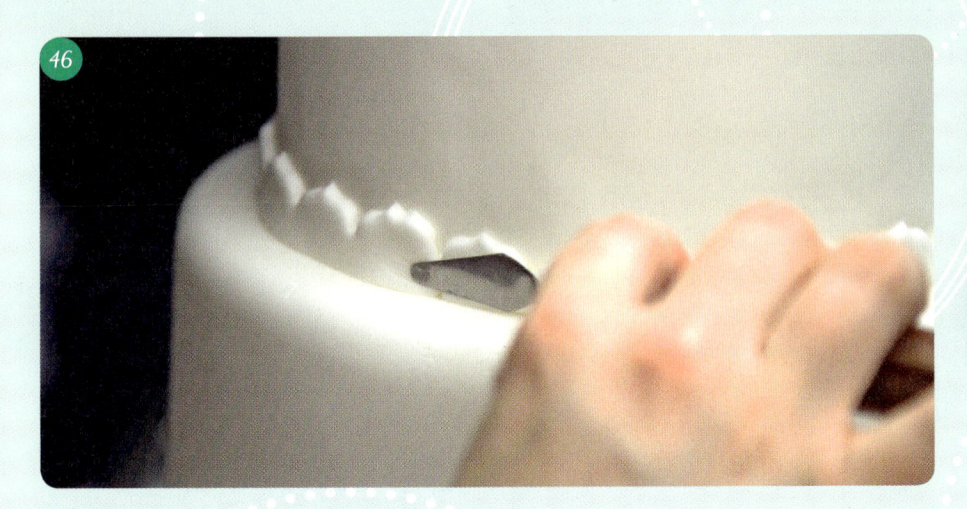

46 Die nächste Bordüre an die angebrachte setzen und die Schnittstellen der einzelnen Bordüren verwischen. Auf die gleiche Weise für alle Torten weitere Bordüren anfertigen.

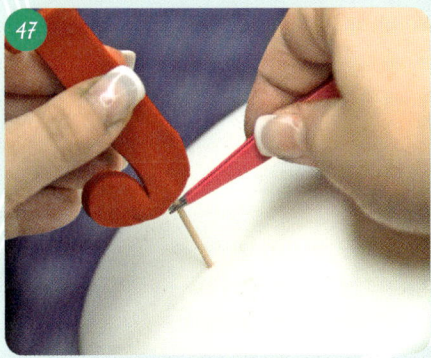

47 Getrocknete Buchstaben und Ausrufezeichen mithilfe einer Pinzette …

48 … in das oberste Stockwerk der Torte stecken.

Tipp Für eine Torte mit 26 cm Durchmesser braucht man ca. drei Bordüren à 30 cm. Für die Torte mit 20 cm Durchmesser benötigt man zwei bis drei einzelne Bordüren, für die Torte mit 15 cm Durchmesser ca. zwei Stück. Die Bordüren werden einzeln um die Torte geklebt und die Schnittstellen werden verwischt. Die Bordüren kann man nicht an einem ganzen Stück um die Torten legen, da sie sich zu sehr verziehen würden.

SOMMER

49 Die inzwischen getrockneten grünen Blätter zu ca. drei Efeuranken verbinden. Dazu ein ca. 10 cm langes Floristenband am Blattende des ersten Blattes ansetzen, zuziehen und 1 cm nach unten wickeln.

50 Dann weitere Blätter versetzt zueinander anlegen …

51 … und den Draht fest mit Floristenband umwickeln.

52 Die Hochzeitstorte wird mit den drei Rosenblüten sowie den Efeuranken dekoriert.

53 Die Torte mit Perlmuttspray besprühen, so erhält man schöne glitzernde Effekte.

Videotipp So gelingen Rosen ganz einfach.

Videotipp Efeublätter für eine Ranke

Videotipp Alternative: Calla für die Hochzeitstorte

Tipp Um die Blüten und Ranken in der Hochzeitstorte zu befestigen, kann man den Draht beispielsweise in einen dünnen Strohhalm geben und diesen dann in die Torte stecken. Damit der Draht in dem Röhrchen noch mehr Halt bekommt, kann es vorher mit etwas Fondant gefüllt werden.

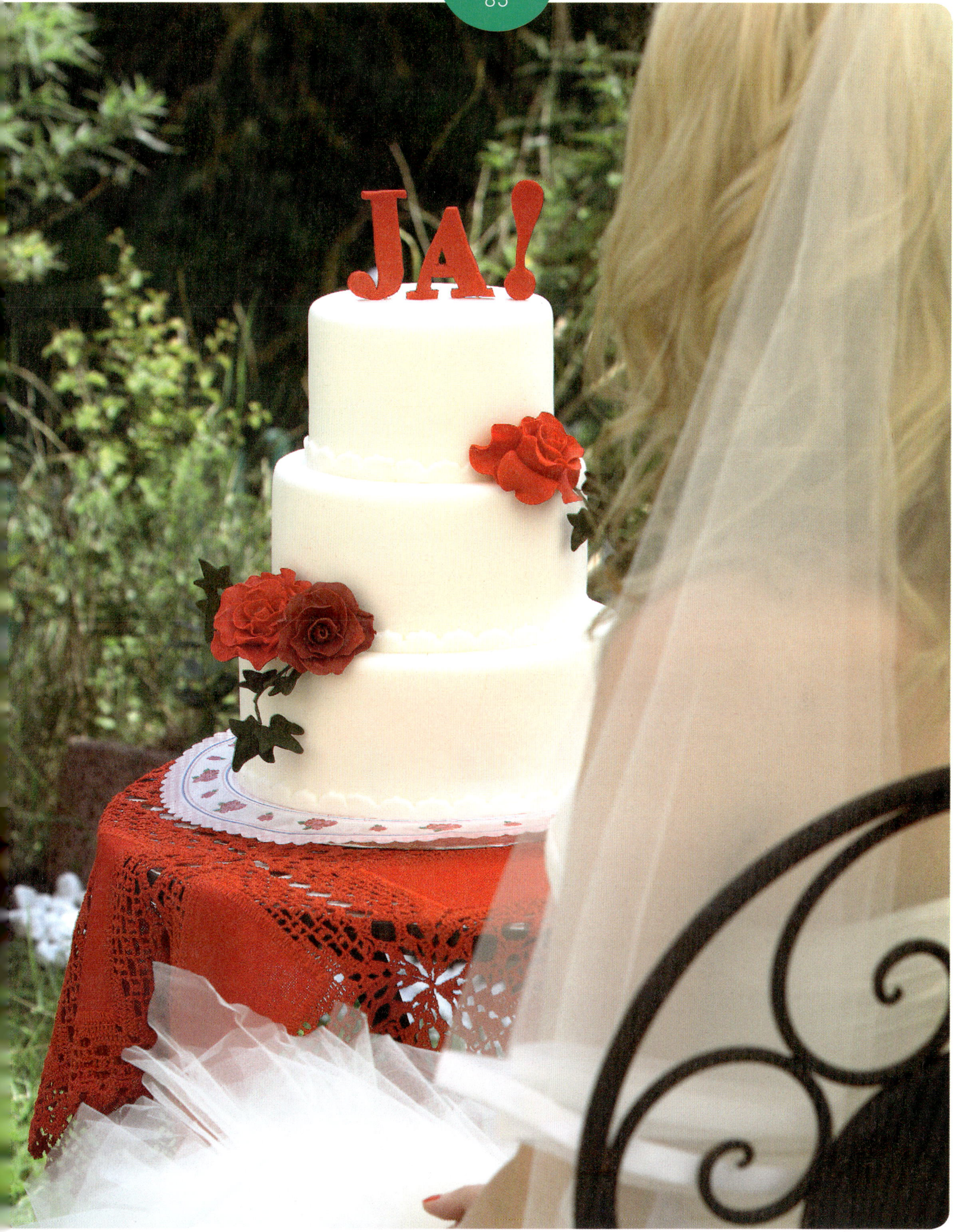
JA!

HERBST

Ein Herz voller Rosen

Schwierigkeitsgrad

Zutaten für eine Torte
Tortenbasis: Torte in Herzform 24 cm x 28 cm (Grundrezept 1 x)
Zum Eindecken der Tortenbasis: 750 g pinkfarbener Rollfondant
Modellierfondant: Pink: 150 g; Lila: 150 g; Flieder: 150 g

Arbeitsmaterial
Nudelholz bzw. Rollstab, Messer oder Modellierwerkzeug zum Schneiden, Glätter, Pinsel, fliederfarbenes Satinband und eine Stecknadel
Zuckerkleber

Dekozeit: 2 Std.

HERZTORTE

1 Den pinkfarbenen Fondant mit einem Durchmesser von ca. 40 cm rund ausrollen und mithilfe der Backmatte auf den Kuchen legen.

2 Zuerst den Fondant von der Backmatte ablösen und anschließend rundum mit den Händen vorsichtig andrücken.

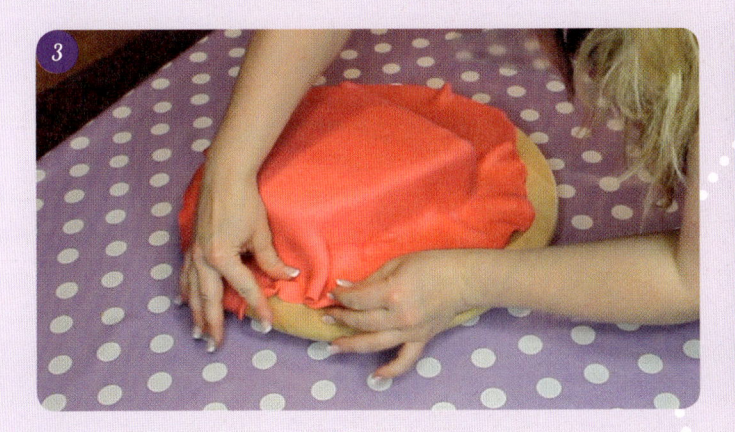

3 Mögliche Falten vorsichtig glatt ziehen.

4 Überschüssigen Fondant abschneiden.

5 Dann den Fondant mit dem Glätter rundum glatt streichen. Dabei den Glätter immer leicht gekippt auf den Fondant halten.

6 Für die Rosen den pink-, lila- und fliederfarbenen Modellierfondant zuerst ca. 2 mm dünn ausrollen. Dann daraus insgesamt ca. 30 Streifen schneiden.

HERBST

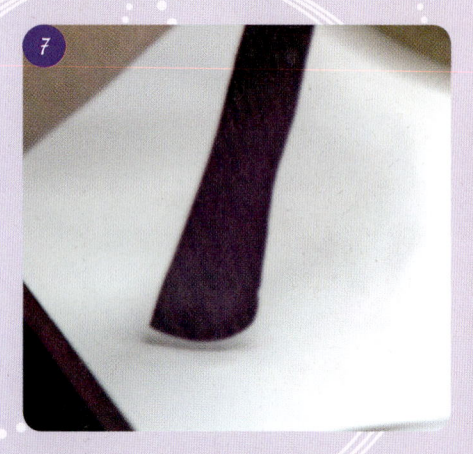

7 Die Streifen sollten jeweils 15 cm lang und 5 cm breit sein.

8 Die erste Rose langsam der Länge nach einrollen. Dafür den unteren Rand enger aufrollen und oben lockerer halten, …

9 … damit die Rose nach oben hin geöffnet aussehen wird.

10 Den oberen Teil des Fondantstreifens beim Einrollen …

11 … immer ein wenig nach außen halten.

12 Den Streifen nach und nach aufwickeln.

13 Beim Aufwickeln immer darauf achten, …

14 … dass er am oberen Rand locker geöffnet ist.

HERZTORTE

15

16

17

18

Wenn die Rose fertig aufgerollt ist, den oberen Blütenrand …

… mit den Fingern nach außen formen, um die Rose noch weiter zu öffnen.

19

20

Unterhalb der Blüte mit den Fingern den Fondant etwas ausdünnen.

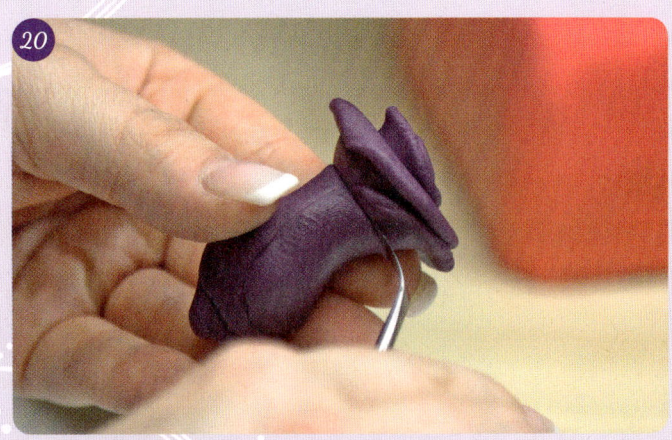

Dann den Stiel der Rose unterhalb der Blüte gerade abschneiden.

HERBST

21 Aus den übrigen vorbereiteten Fondantstreifen nach diesem Vorbild die weiteren Blüten formen.

22 Die Rosen auf die Torte kleben. Dafür die Unterseiten der Rosen mit Zuckerkleber bestreichen und dann auf das Herz setzen. An der unteren Spitze des Herzens anfangen.

23 Die weiteren Rosen so auf die Torte kleben, dass keine Lücken entstehen und sich die Farben abwechseln.

25 Die Torte mit einem fliederfarbenen Satinband als unteren Rand verzieren. Dafür das Band abmessen und am unteren Ende der Torte entlangziehen.

26 Das Band mit einer Stecknadel zwischen den beiden Herzhälften feststecken. Das überstehende Ende des Satinbands an der Stecknadel abschneiden.

Videotipp
Kuchen in Herzform eindecken

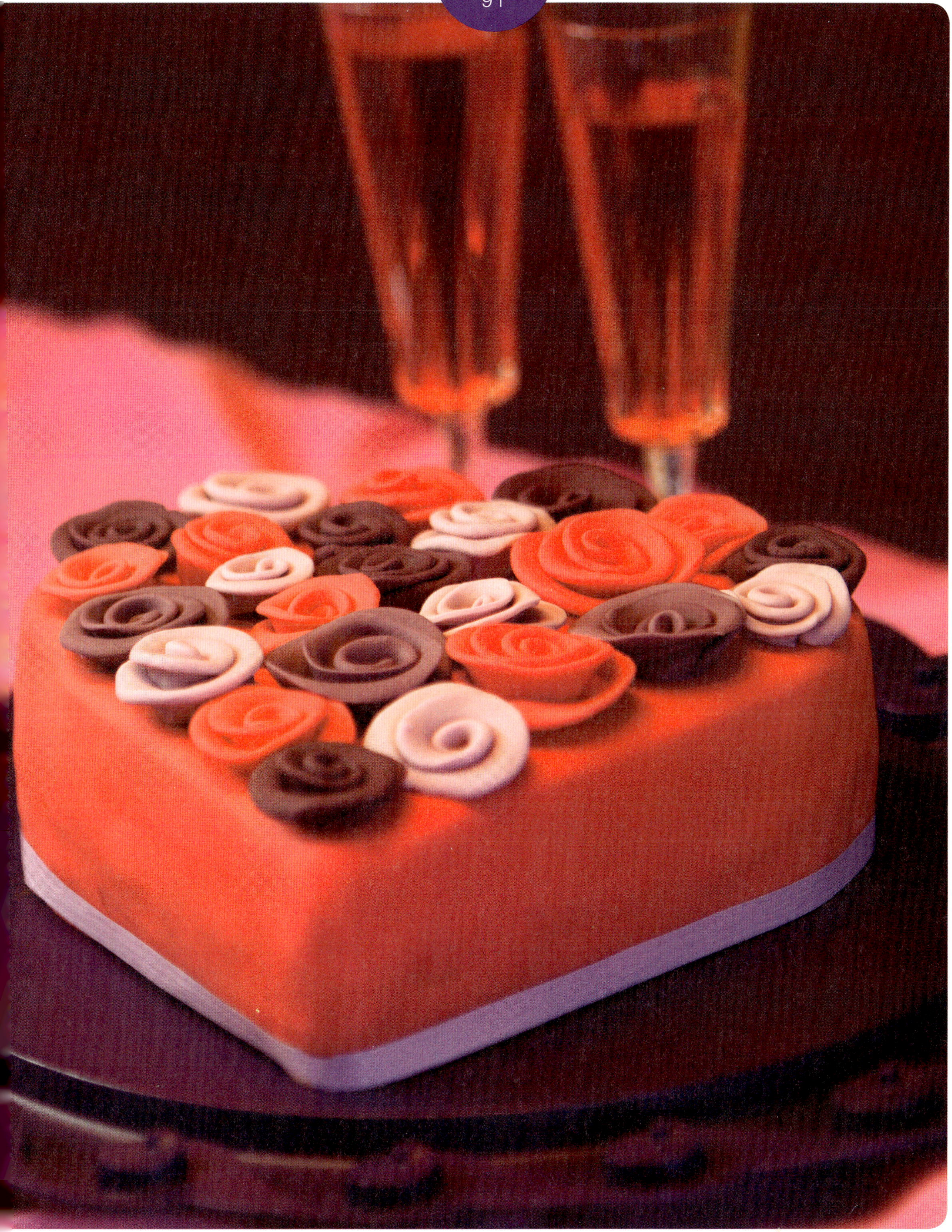

HERBST

Kochen ist Liebe

Schwierigkeitsgrad

Zutaten für eine Torte
Tortenbasis: Torte mit 26 cm Durchmesser (Grundrezept 1 x)
Zum Eindecken der Tortenbasis: 750 g weißer Rollfondant
Rollfondant: Braun marmoriert: 300 g; Weiß: 100 g
Modellierfondant: Rot: 50 g; Weiß: 60 g; Grün: 35 g; Orange: 30 g

Arbeitsmaterial
quadratisches Cake Board mit ca. 30 cm Kantenlänge, Rollstab, Messer oder Modellierwerkzeug zum Schneiden, Satinband und eine Stecknadel, runde Cake Card mit 26 cm Durchmesser, runder Ausstecher mit ca. 7 cm Durchmesser (z. B. eine kleine Schüssel), Pinsel, rohe Spaghetti, Teller oder Schale für die Farben Zuckerkleber, braune, grüne, rote und gelbe Lebensmittelpastenfarbe

Dekozeit: 3 Std.

Tipp Für die Marmorierung braune Pastenfarbe in weißen Rollfondant einarbeiten, aber nicht ganz gleichmäßig verteilen und immer in eine Richtung kneten.

KOCHTOPFTORTE

1. Das eckige Cake Board mit etwas Wasser bestreichen. Den braunen Rollfondant ausrollen und auf das Cake Board legen. An den Seiten andrücken.

2. Überschüssigen Fondant am unteren Rand des Bretts abschneiden. Den Fondant auf dem Cake Board glatt streichen.

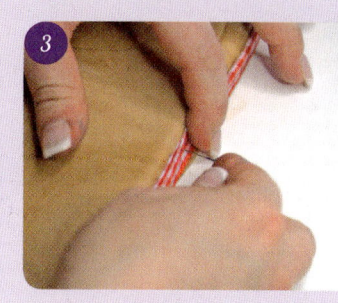

3. Das Satinband um den Rand des Bretts legen und an der Schnittstelle mit der Stecknadel feststecken. Das überstehende Ende vom Band abschneiden.

4. Für den Kochtopfdeckel verwendet man eine dünne Cake Card und benutzt sie als Schablone. 95 g weißen Rollfondant zu einem 4 mm dicken Kreis ausrollen, der größer als die Cake Card ist und mit einem Messer großzügig ausschneiden.

5. Cake Card mit Wasser anfeuchten und den Fondant darauflegen. Glatt streichen, an der Seite andrücken und überschüssigen Fondant am unteren Rand abschneiden.

6. Den Deckel auf den Topf legen. Dabei aber nicht ankleben, damit man ihn beim Anschneiden der Torte wieder abnehmen kann.

7. Den übrigen weißen Rollfondant ausrollen. Mithilfe eines runden Ausstechers (hier verwende ich eine kleine Schüssel) …

8. … einen Kreis aus dem Fondant ausstechen.

HERBST

9 Den Kreis vorsichtig mit einem Messer oder Modellierwerkzeug zum Schneiden aufnehmen, damit er seine Form behält.

10 Den Kreis mit Zuckerkleber in der Mitte des Topfdeckels befestigen.

11 Aus 10 g rotem Modellierfondant eine Kugel rollen, die dann unten etwas flach drücken und auf dem Deckel ankleben.

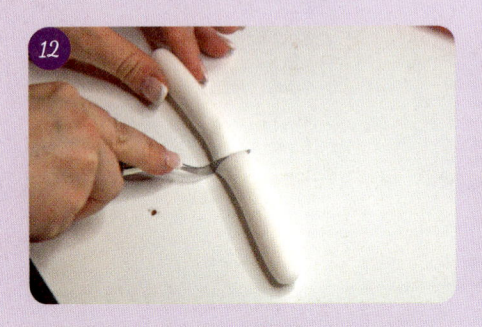

12 Für die Topfgriffe aus dem weißen Modellierfondant einen ca. 15 cm langen und 2 cm dicken Strang formen. Diesen in der Mitte durchschneiden.

13 Den ersten Strang zu einem gebogenen Griff biegen und zwei mit Kleber bestrichene, je 5 cm lange Spaghettis in die Seiten einführen.

14 Den Topfgriff von schräg oben in den oberen Bereich des Kuchens stecken.

15 Den zweiten Griff genauso herstellen und auf die gegenüberliegende Seite stecken.

16 Die Lebensmittelpastenfarben getrennt voneinander mit einem Pinsel in einem Teller oder einer Schale abtupfen. Einen Tropfen Wasser zu jeder Farbe geben und jede Farbe durchmischen.

KOCHTOPFTORTE

17 Mit einem feinen Pinsel auf die Torte malen; dabei für jede Farbe einen eigenen Pinsel verwenden.

18 Zuerst mit der braunen Farbe einen Ast malen.

19 Danach mit der grünen Pastenfarbe …

20 … mehrere Blätter an den Ast malen.

21 Jetzt werden Äpfel an den Ast gemalt.

22 Zwei große Kreise mit roter Farbe an den Ast malen.

23 Ausgemalt werden die Äpfel in Gelb und Rot, um künstlerische Effekte wie ein Schimmern der Früchte zu erhalten.

24 Für die „Beilagen" zuerst eine Tomate formen. Dafür aus 25 g rotem Modellierfondant eine Kugel rollen und 2 g grünen Fondant ausrollen. Einen Stern ausschneiden.

25 Den Stern auf die Kugel kleben und in die Mitte des Sterns einen Tropfen aus etwas grünem Fondant aufkleben.

HERBST

26 Eine zweite, etwas kleinere Tomate aus dem restlichen roten und etwas grünem Fondant formen. Dann beide auf dem Cake Board platzieren und mit Zuckerkleber befestigen.

27 Für die erste Karotte aus 15 g orangefarbenem Modellierfondant einen langen Tropfen formen, der unten spitz zuläuft.

28 Mit einem Messer oder einem Modellierwerkzeug zum Schneiden schräg leichte Rillen in die Karotte eindrücken.

29 Aus wenig grünem Fondant einen 3 cm langen und 2 mm dünnen Streifen rollen, den in der Mitte zusammenklappen und an das breite Ende der Karotte kleben.

30 Auf die gleiche Weise eine zweite Karotte formen. Von dieser zwei Scheiben abschneiden und mit einem Messer oder Modellierwerkzeug Struktur in die Scheiben ritzen. Alles auf dem Cake Board mit Zuckerkleber befestigen.

31 Für die Erbsen aus 25 g grünem Fondant einen 7 cm großen Kreis ausstechen oder ausschneiden und in der Mitte zusammenklappen. Nur die Enden aneinanderdrücken, sodass die Mitte geöffnet bleibt.

32 Aus dem übrigen grünen Fondant sechs kleine Kugeln rollen.

Videotipp
Auf Fondant malen

33 Vier Kugeln in die Schote legen und ankleben. Die Schote auf dem Brett mit Zuckerkleber befestigen, die übrigen Kugeln davor platzieren.

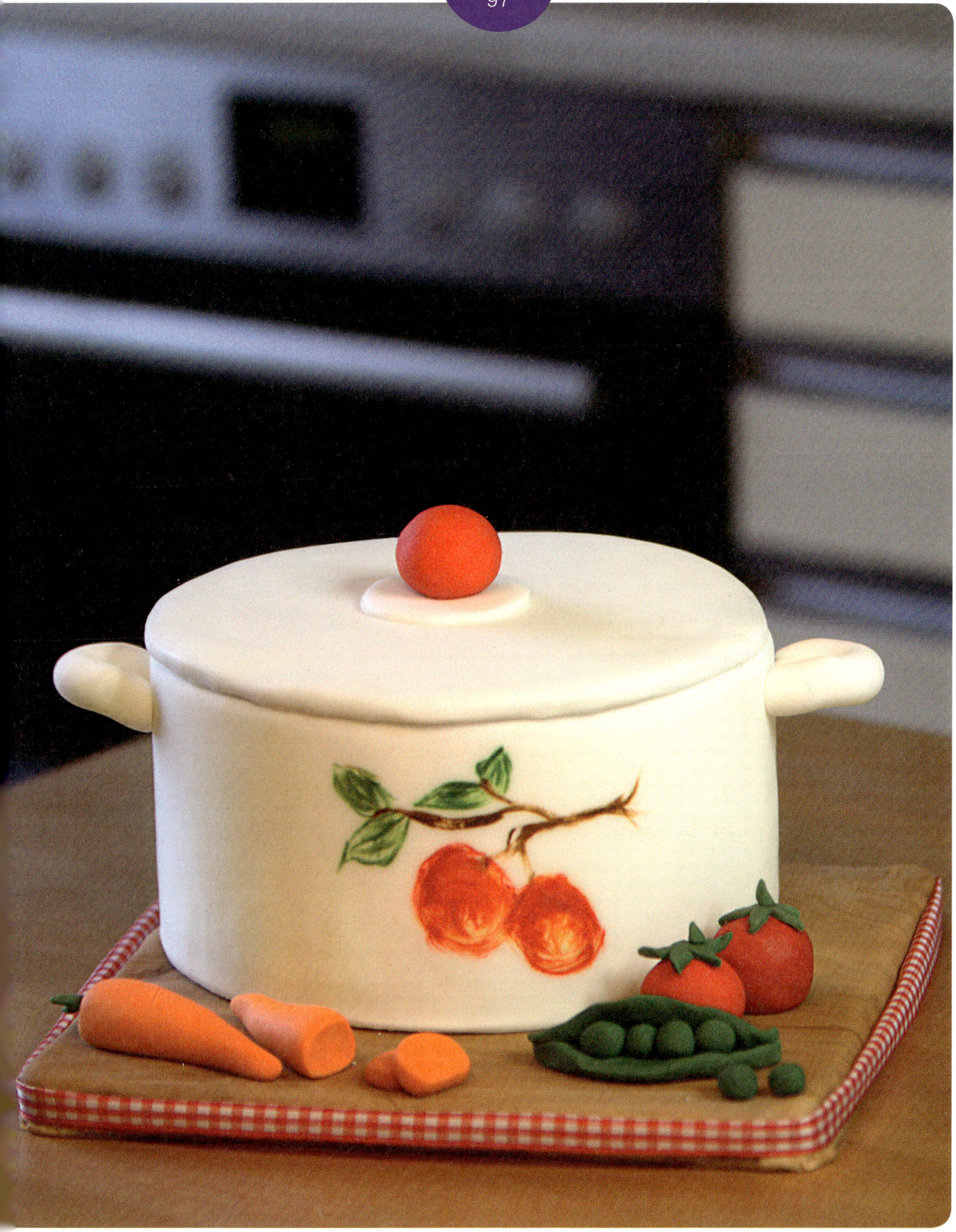

Stricken ist mein Yoga

Schwierigkeitsgrad

Zutaten für eine Torte
Tortenbasis: Torte mit 26 cm Durchmesser (Grundrezept 1 x)
Zum Eindecken der Tortenbasis: 750 g brauner Rollfondant
Rollfondant: Braun: 140 g; Weiß: 160 g; Weinrot: 50 g; Lila: 50 g
Modellierfondant: etwas Grau; Flieder: 3 g; Lila: 1,5 g

Arbeitsmaterial
Schneiderad-Modellierwerkzeug, Pinsel, Messer oder Modellierwerkzeug zum Schneiden, Rollstab, Clay Extruder oder Sugarcraft Gun, zwei Makkaroni, Styroporblock, runder Ausstecher mit 2 cm Durchmesser, Foam Pad, Ball Tool, Zahnstocher
Zuckerkleber, Metallicfarbe Silber

Dekozeit: 3 Std. zzgl. 30 Min. Trockenzeit

STRICKTORTE

1 Mit einem Schneiderad-Modellierwerkzeug wird der braune Wollkorb gestaltet.

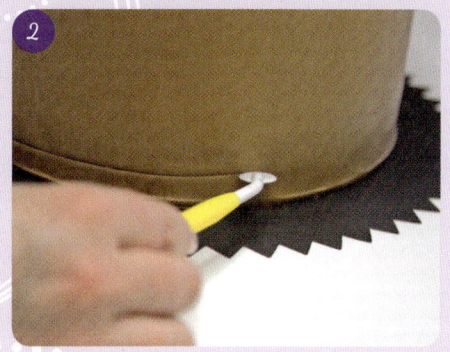

2 Dafür mit dem Schneiderad rund um die Torte waagerechte Linien in Abständen von ca. 1 cm ziehen.

3 Zwischen diese Linien werden senkrecht kleine Doppelstriche eingeritzt.

4 Man versetzt die Striche so, dass sie in jeder zweiten Reihe an derselben Stelle stehen.

5 70 g braunen Rollfondant zu einem ca. 90 cm langen und 7 mm dicken Strang rollen.

6 Aus dem restlichen braunen Fondant einen weiteren gleich langen Strang rollen.

7 Beide Stränge …

8 … ineinanderflechten.

9 Den oberen Rand der Torte außen mit Zuckerkleber einstreichen.

HERBST

10 Den geflochtenen Korbrand auf der Torte rund um den mit Kleber eingestrichenen Rand anbringen.

11 Den überschüssigen Fondant an der Schnittstelle mit einem Messer abschneiden.

12 Aus 80 g weißem Rollfondant einen Ball formen oder einen runden Kuchenball dafür benutzen (siehe Tipp). Unten flach drücken.

> *Tipp* Die beiden Wollknäuel können auch aus einem Kuchen geformt werden. Dafür einen Rührkuchen (Grundrezept 0,5 x) backen, auskühlen lassen und zerbröseln. Die Kuchenkrümel mit 200 g Frischkäse verkneten und zwei Bälle mit je ca. 10 cm Durchmesser daraus rollen. Diese 30 Minuten in den Gefrierschrank legen und dann rundum einganachieren, damit der Frischkäse später nicht mit dem Fondant in Berührung kommt. Genau so werden auch Cake Pops gemacht!

13 25 g weinroten Rollfondant mit dem Rollstab dünn ausrollen. Den Ball damit eindecken.

14 Auf der unteren Seite des Balls den Fondant zusammendrücken und Überschüssiges mit dem Messer abschneiden.

15 Den Ball rundum mit Zuckerkleber einstreichen. Vorsicht: Nur wenig verwenden! Wenn zu viel Kleber aufgetragen wird, dann rutschen die Wollfäden.

16 Aus dem übrigen weinroten Rollfondant werden dann ca. 50 lange, dünne Stränge für die Wollfäden geformt.

STRICKTORTE

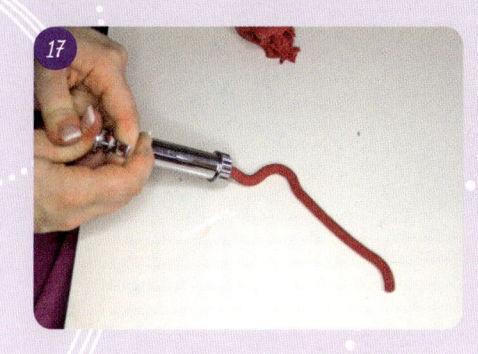

17 Um sich das Ganze etwas leichter zu machen, kann man einen Clay Extruder oder eine Sugarcraft Gun benutzen. Diese funktionieren wie eine Knoblauchpresse.

18 Die Stränge um den oberen Teil des Wollknäuels legen. Auf der unteren Seite braucht man keine Wollfäden, da der Knäuel ja auf die Torte gelegt wird.

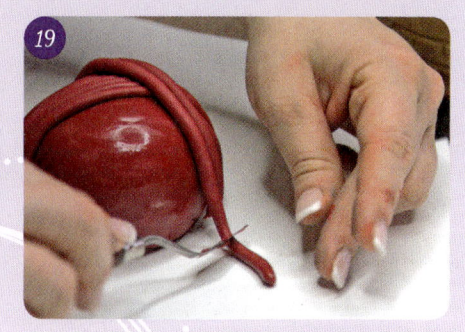

19 Überstehende Enden der Fondantstränge werden immer abgeschnitten.

> **Tipp** Legt euch einen echten Wollknäuel daneben, dann könnt ihr euch das besser vorstellen!

22 Einen langen Strang auf die Torte kleben. Den Strang seitlich an der Torte herunterhängen lassen.

23 Den Wollknäuel so auf der Torte befestigen, dass er auf dem Wollstrang liegt.

24 Die Schritte für den zweiten Wollknäuel wiederholen. Dafür lilafarbenen Rollfondant verwenden.

25 Für die Stricknadeln zwei rohe Makkaroni mit silberfarbener Metallicfarbe anmalen.

26 Aus etwas grauem Fondant eine erbsengroße Kugel auf jede Makkaronispitze kleben.

HERBST

27 Die Fondantkugeln ebenfalls mit der silberfarbenen Metallicfarbe anmalen.

28 Die Stricknadeln in einen Styroporblock stecken und ca. 30 Minuten trocknen lassen.

29 Um Knöpfe auszustechen, einen runden Ausstecher (oder alternativ ein Schnapsglas) verwenden.

30 Flieder- und lilafarbenen Modellierfondant dünn ausrollen und insgesamt drei Kreise ausstechen.

31 Den ersten Kreis auf das Foam Pad setzen und mit dem Ball Tool …

32 … eine Vertiefung in die Mitte des Fondants drücken.

33 Mit dem Zahnstocher vier Löcher in die Mitte des Knopfes stanzen. Die übrigen Knöpfe auf die gleiche Weise herstellen.

34 Die Knöpfe mit Zuckerkleber bestreichen und auf die Torte vor die Wollknäuel kleben.

35 Die getrockneten Stricknadeln in die Torte stecken.

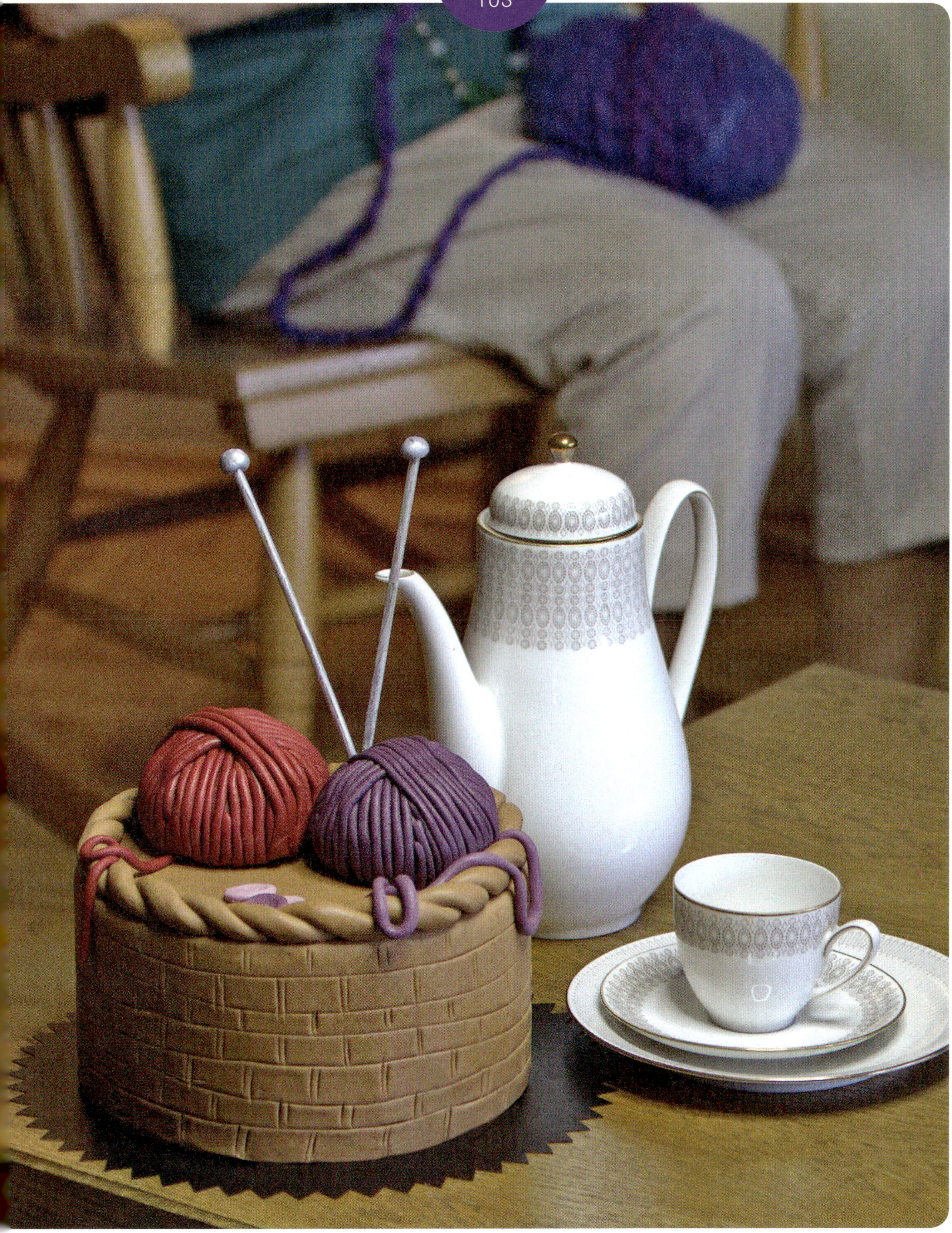

HERBST

Süßes oder Saures

Schwierigkeitsgrad

Zutaten für eine Torte
Tortenbasis: je eine Torte mit 18 cm, 15 cm und 10 cm Durchmesser (Grundrezept jeweils 0,5 x)
Zum Eindecken der Tortenbasis: 1,5 kg weißer Rollfondant
Modellierfondant: Blau: 80 g; Weiß: 30 g; Schwarz: 20 g; Orange: 30 g; etwas Rosa, Grün und Rot

Arbeitsmaterial
Nudelholz bzw. Rollstab, Messer oder Modellierwerkzeug zum Schneiden, Schuhsohlenschablone, Pinsel, Taschentücher, Clay Extruder oder Sugarcraft Gun, Drehteller mit mindestens 30 cm Durchmesser, Teigschaber
Zuckerkleber, Ganache (Grundrezept 2 x)

Dekozeit: 5 Std. zzgl. 12 Std. Trockenzeit

HALLOWEENTORTE

1 10 g blauen Modellierfondant ca. 9 cm lang und 6 cm breit ausrollen und eine Sohle ausschneiden. Dabei am besten eine ausgedruckte Schablone verwenden.

2 Aus 7 g blauem Modellierfondant einen Halbmond formen und mit Zuckerkleber auf dem vorderen Schuhteil befestigen.

3 Für das Seitenteil 12 g blauen Fondant ausrollen. Einen ca. 15 cm langen und 5 cm breiten Strang zuschneiden. Die beiden Enden, die später oben liegen, abschrägen.

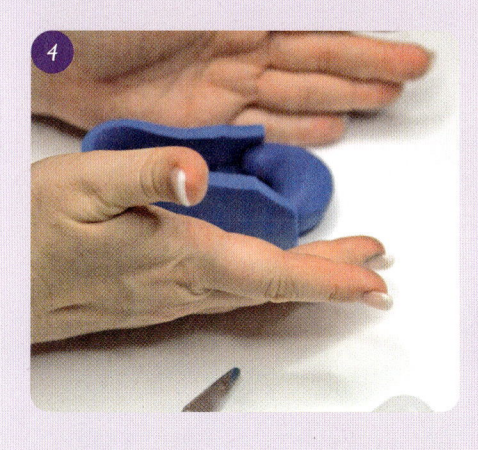

4 Den Strang um die Sohle legen und unten ankleben.

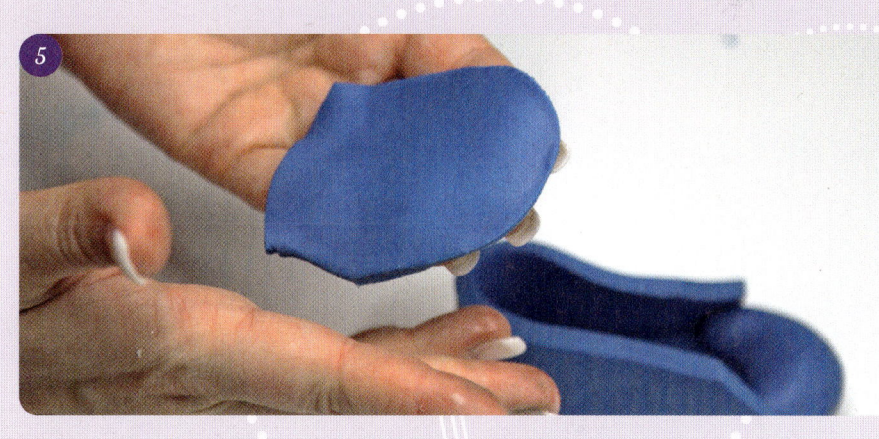

5 7 g blauen Fondant ausrollen und eine 7 cm lange und 6 cm breite Lasche ausschneiden. Vorne in den Schuh legen und festkleben.

6 Zum Stabilisieren ein Taschentuch unter die Lasche legen, bis der Schuh trocken ist.

7 5 g weißen Modellierfondant mit dem Rollstab dünn ausrollen und dann oval ausschneiden.

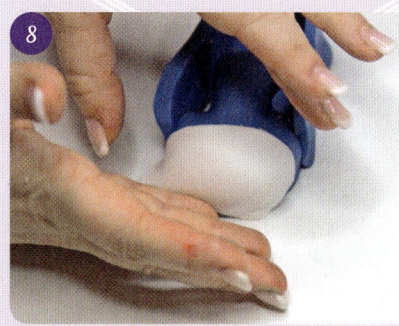

8 Das weiße Oval mit Zuckerkleber bestreichen und vorne auf der Kappe des Schuhs befestigen.

HERBST

9 7 g weißen Modellierfondant zu einem 25 cm langen, dünnen Strang rollen. Hierzu kann auch ein Clay Extruder oder eine Sugarcraft Gun verwendet werden.

10 Den Strang unten um die Sohle des Schuhs legen, mit Zuckerkleber befestigen, das überstehende Ende abschneiden und den Strang platt an den Schuh drücken.

11 Wenig weißen Fondant ausrollen und eine kleine Lasche formen. Die beiden Enden zusammendrücken.

12 Die Lasche am oberen Ende der Schuhferse mit Zuckerkleber befestigen.

13 Mit dem Ende des Pinsels vorne in die Seitenteile des Schuhs jeweils drei Schnürsenkellöcher einstechen.

14 Aus 5 g weißem Modellierfondant einen ca. 20 cm langen, dünnen Strang rollen und den dann wie einen Schnürsenkel vorsichtig durch die Löcher fädeln.

15 Auf die gleiche Weise den zweiten Schuh modellieren. Die Schuhe ca. 12 Stunden trocknen lassen.

HALLOWEENTORTE

16

Die drei ausgekühlten Kuchen auf einem Drehteller mit mindestens 30 cm Durchmesser stapeln. Der Teller sollte unbedingt einen größeren Durchmesser haben als die größte Torte, damit Geisterumhang und Schuhe darauf Platz haben.

17

Die Kuchen zunächst mithilfe von einem Teigschaber an den Stellen gründlich mit Ganache bestreichen, an denen sie aufeinanderstehen werden. So kleben sie aneinander, wenn man sie dann aufeinandersetzt.

18

Mithilfe eines großen Messers die drei Kuchen dann an den Seiten bzw. an den Rändern rund zuschneiden.

19

Tipp Aus den Resten lassen sich wunderbar Cake Pops machen!

20

21

Die gestapelten Kuchen mit dem Teigschaber rundum gründlich einganachieren.

22

Die Ganache vollständig trocknen lassen; dafür die Torte am besten für 1 Stunde in den Kühlschrank stellen.

23

Den weißen Rollfondant zum Eindecken rund mit einem Durchmesser von ca. 60 cm ausrollen.

HERBST

24 Wenn die Ganache getrocknet ist, den Kuchen mithilfe der Backmatte vorsichtig mit dem ausgerollten Fondant eindecken.

25 Den Fondant als Geisterumhang in Falten, also in leichten Wellen, legen.

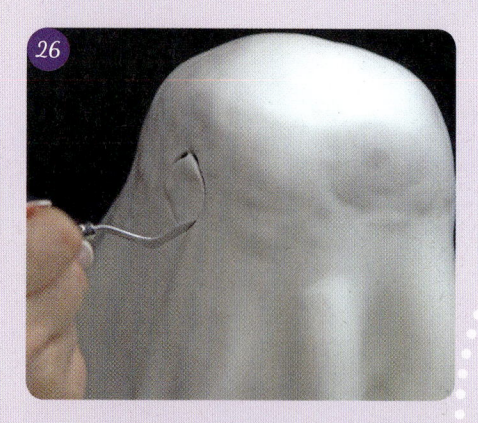

26 Aus dem Fondant die Augenhöhlen ausschneiden. Dafür im oberen Teil der Torte zwei ca. 3 cm lange und 1,5 cm breite Ovale ausschneiden.

27 Dabei die ausgeschnittenen Fondantstücke …

28 … aufheben.

29 Die ausgeschnittenen Augen etwas nach unten versetzt mit Zuckerkleber an den Augenhöhlen befestigen.

30 Aus ein wenig blauem Modellierfondant zwei kleinere flache Kreise für das Augeninnere formen.

31 Die blauen Fondantkreise auf den unteren Teil der weißen Augen kleben.

32 Aus wenig schwarzem Modellierfondant zwei kleinere Kreise formen und in den unteren Teil des Blaus der Augen kleben.

HALLOWEENTORTE

33 Über den Augen Augenbrauen aus etwas schwarzem Modellierfondant ankleben.

34 In das Schwarz der Augen kleine Pünktchen aus weißem Modellierfondant kleben.

35 Die Schuhe so unter dem „Bettlaken" platzieren, dass sie vorne herausschauen.

36 Für die Kürbistüte 30 g orangefarbenen Modellierfondant mit dem Rollstab ausrollen.

37 Daraus ein unten abgerundetes, ca. 15 cm langes und 10 cm breites Rechteck ausschneiden.

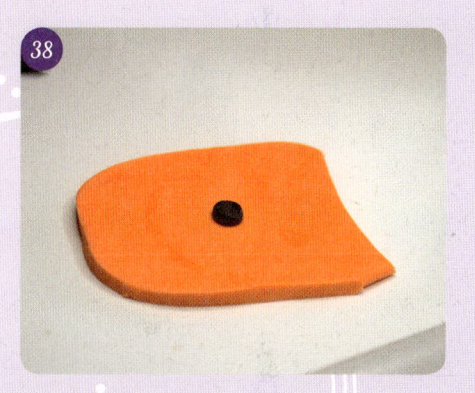

38 Eine erbsengroße schwarze Fondantkugel in der Mitte der Kürbistüte ankleben und platt drücken.

39 Für die Augen zwei Dreiecke aus etwas schwarzem Fondant formen und aufkleben.

40 Für den Mund etwas schwarzen Fondant dünn ausrollen und ihn in einem Zickzackmuster ausschneiden.

41 Den Mund ebenfalls mit Zuckerkleber auf der orangefarbenen Tüte befestigen.

HERBST

42 Die Tüte mit Zuckerkleber seitlich am Gespenst befestigen.

43 Aus dem restlichen schwarzen Fondant einen dünnen Strang rollen und wie eine Schnecke aufrollen.

44 Die Lakritzschnecke oben an der Tüte befestigen.

45 Für ein Bonbon aus etwas rosafarbenem Modellierfondant eine kleine Kugel formen.

46 Zwei kleine Stränge aus rosafarbenem Fondant jeweils auf beiden Seiten spitz zulaufen lassen und in der Mitte knicken.

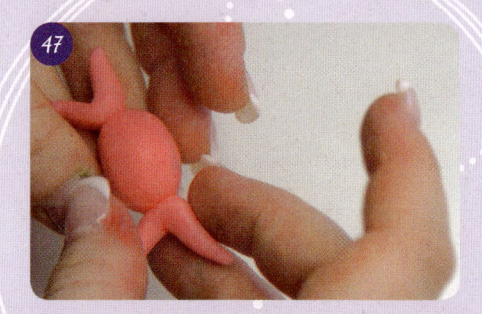

47 Beide Stränge mit dem Knick an die Enden des Bonbons kleben. Nach dieser Anleitung auch noch ein grünes Bonbon modellieren.

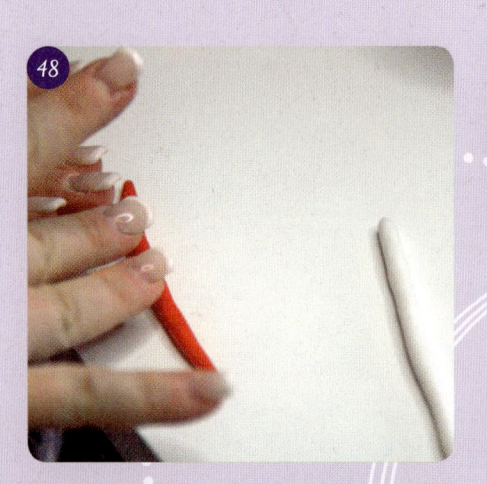

48 Einen roten und einen weißen jeweils 6 cm langen, ziemlich dünnen Strang aus Modellierfondant formen.

49 Beide Stränge ineinanderflechten und durch Rollen miteinander verbinden. So erhält man eine Zuckerstange.

50 Alles in und auf der Tüte anbringen und festkleben.

Videotipp
Schuhe modellieren

111

Zieht euch warm an!

WINTER

Schwierigkeitsgrad

Zutaten für eine Torte
Tortenbasis: Torte mit 26 cm Durchmesser (Grundrezept 1 x)
Zum Eindecken der Tortenbasis: 750 g hellblau-weiß marmorierter Rollfondant
Blütenpaste: Weiß: 10 g
Modellierfondant: Weiß: 150 g; Schwarz: 70 g; Orange: 10 g; Hellblau: 5 g

Arbeitsmaterial
Rollstab, Schneeflockenausstecher in drei verschiedenen Größen mit Auswerfer, rohe Spaghetti, Pinsel, Quadratausstecher mit Auswerfer (1 cm Kantenlänge), Messer oder Modellierwerkzeug zum Schneiden, Zahnstocher, Taschentuch, Foam Pad
Zuckerkleber, 15 g Kokosraspel, Puderfarbe Rosa

Dekozeit: 3 Std. zzgl. 1 Std. Trockenzeit

Tipp
Für die Marmorierung weißen Rollfondant mit blauer Lebensmittelfarbe (Pasten- oder Gelkonsistenz) einfärben, dabei aber nicht ganz durchkneten; so erhält man einen Farbverlauf.

PINGUINTORTE

1. Für die Schneeflocken auf dem Iglu benötigt man Blütenpaste. Dafür die Blütenpaste ca. 2 mm dünn ausrollen und zwei Schneeflocken in unterschiedlichen Größen ausstechen. Je einen Spaghetti vorsichtig in jede Schneeflocke einführen und das Ganze mindestens 1 Stunde trocknen lassen.

2. Den Kuchen oben in der Mitte mit etwas Zuckerkleber einstreichen.

3. Die Kokosraspel großzügig auf die mit Kleber eingestrichene Fläche streuen.

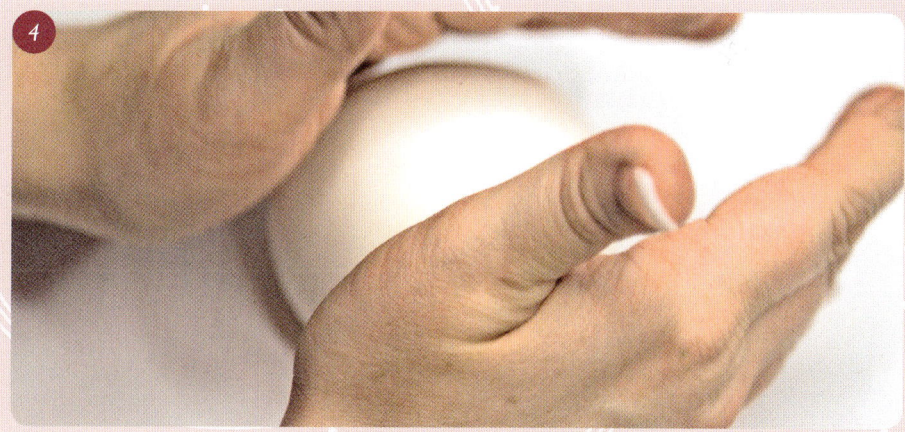

4. Für das Iglu aus 80 g weißem Modellierfondant eine Kugel formen. Die Kugel unten platt drücken, sodass das Iglu gerade stehen kann.

5. Die Eisblöcke des Iglus werden mithilfe eines quadratischen Ausstechers geformt.

6. Dafür 20 g weißen Modellierfondant dünn ausrollen. Daraus ca. 80 Quadrate ausstechen.

7. Die weiße Fondantkugel für das Iglu rundum mit etwas Zuckerkleber bestreichen.

WINTER

8 Die Quadrate mit dem Modellierwerkzeug von der Arbeitsfläche aufheben und rundum nebeneinander auf der Kugel andrücken. Am unteren Rand beginnen. Für die Öffnung des Eingangs vorne ca. 4 cm Platz lassen.

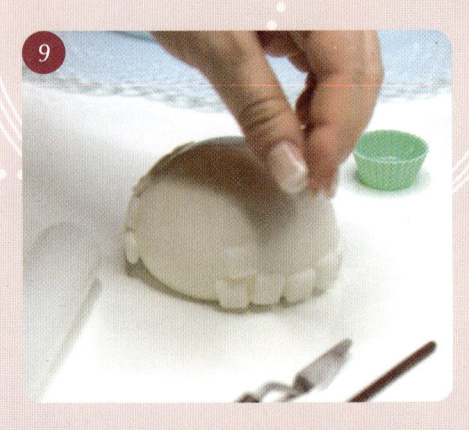

9 Die zweite Reihe Quadrate etwas versetzt oberhalb der ersten Reihe ankleben.

10 Mit den weiteren Reihen genauso verfahren, …

11 … bis das Iglu rundum mit Quadraten beklebt ist.

12 Aus 20 g weißem Modellierfondant einen ca. 8 cm langen und 1,5 cm dicken Strang formen. Diesen zu einem U biegen und als Eingang auf den ausgesparten Teil des Iglus kleben.

13 Die Eingangsöffnung rundum mit Zuckerkleber einstreichen.

PINGUINTORTE

14 Die restlichen Fondantquadrate auf den Bogen des Eingangs kleben.

15 Iglu an der Unterseite mit Kleber bestreichen und auf der Torte befestigen. Es sollte dabei nicht ganz in der Mitte stehen.

16 Den Pinguin aus schwarzem Modellierfondant formen. Zuerst aus 60 g Fondant eine Kugel rollen und diese dann zwischen den Händen länglich formen.

17 Die Kopfpartie schlanker als den restlichen Körper formen, indem man den Kopf …

18 … zwischen den Fingern etwas dünner rollt als den übrigen Körper. Pinguin an der Unterseite etwas flacher drücken.

19 Ca. 2 g weißen Modellierfondant dünn ausrollen. Daraus die Form des Pinguinkörpers ausschneiden, nur etwas kleiner.

WINTER

20 Den überschüssigen weißen Fondant rund um die ausgeschnittene Form ablösen.

21 In die Mitte der Oberkante des ausgeschnittenen weißen Fondantstücks mit einem Zahnstocher eine Einkerbung eindrücken. Den Fondant dann am besten mit dem Modellierwerkzeug zum Schneiden vorsichtig von der Arbeitsfläche ablösen, damit er sich nicht verzieht.

22 Den weißen Fondant mit Zuckerkleber auf den Körper kleben.

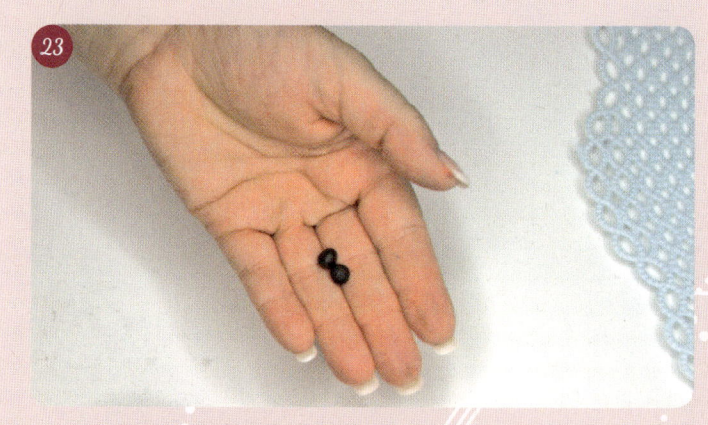

23 Für die Augen aus etwas schwarzem Fondant zwei kleine Kugeln rollen.

24 Die Augen etwas flach drücken und auf den Kopf des Pinguins kleben.

25 In die Augen werden jeweils zwei kleinere weiße Kügelchen aus Fondant geklebt.

PINGUINTORTE

26 So kann man das Schimmern der Augen wiedergeben.

27 Die Augenbrauen mit einem Zahnstocher einritzen.

28 Für den Schnabel aus einem Drittel des orangefarbenen Fondants einen ca. 2 cm langen Strang formen. Beide Enden spitz ausformen.

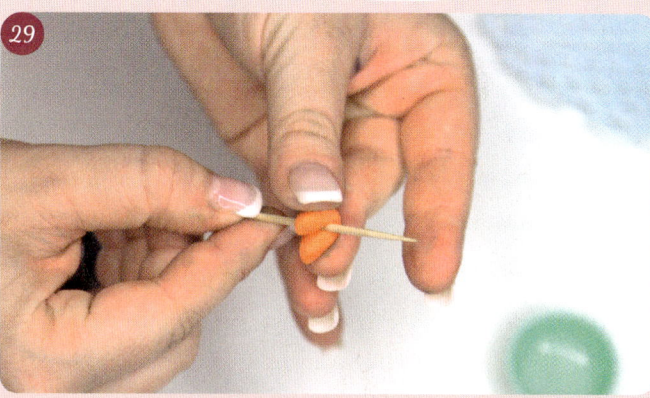

29 Den Strang in der Mitte mithilfe eines Zahnstochers zusammenklappen, sodass die beiden Spitzen des Schnabels übereinanderliegen.

30 Den Schnabel hinten flach andrücken und mit Zuckerkleber unterhalb der Augen des Pinguins ankleben.

31 Für die Füße aus dem restlichen orangefarbenen Fondant zwei Kugeln rollen. Diese länglich formen und unten am Pinguin ankleben.

WINTER

32 Für die Zehen die beiden Füße des Pinguins mit einem Messer oder Modellierwerkzeug zum Schneiden zweimal einritzen.

33 Die Flügel werden aus dem restlichen schwarzen Fondant geformt. Dafür zwei gleich große, jeweils ca. 4 cm lange Tropfen formen, die etwas platt gedrückt werden.

34 Die beiden Seiten des Pinguins mit etwas Zuckerkleber einstreichen.

35 Den ersten Flügel mit der Spitze nach oben an den Körper kleben. Den unteren Teil etwas nach außen drücken.

36 Den zweiten Flügel auf die gleiche Weise ankleben.

37 Die Wangen des Pinguins sollen etwas rötlich sein. Dafür verwendet man Puderfarbe, die auf ein Taschentuch gestreut und mit einem Pinsel aufgenommen wird.

38 Die rote Puderfarbe …

PINGUINTORTE

39 … mit dem Pinsel leicht auf die Wangen tupfen.

40 Einen rohen Spaghetti mit Zuckerkleber bestreichen und vorsichtig in den Pinguin stecken.

41 Anschließend die Figur vorsichtig auf der Torte neben dem Fondantiglu stabilisieren.

42 Die Schneeflockenausstecher verwenden wir in drei unterschiedlichen Größen.

43 Den restlichen weißen Modellierfondant zu insgesamt vier Kreisen in den Größen der Schneeflockenausstecher ausrollen. Hellblauen Modellierfondant ebenfalls zu einem Kreis ausrollen. Den ersten Kreis auf den Ausstecher legen.

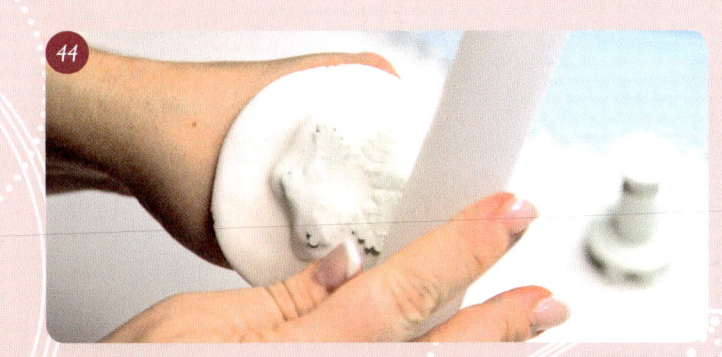

44 Mit dem Rollstab über den Fondant auf dem Ausstecher rollen.

45 Den überschüssigen Fondant rund um den Ausstecher ablösen.

WINTER

46 Den Ausstecher mit dem Fondant über ein Foam Pad streichen, um Fransen zu entfernen.

47 Die Schneeflocke mit etwas Kleber bestreichen.

48 Mit dem Auswerfer die Schneeflocke an der gewünschten Stelle am Tortenrand anbringen und feststreichen. Auf diese Weise den Rand mit insgesamt fünf Flocken verzieren.

49 Die getrockneten Schneeflocken aus Blütenpaste …

50 … in den Iglu stecken.

Videotipp
Filigrane Ausstecher verwenden

Tipp Wer mag, setzt dem Pinguin noch eine rote Mütze auf. Eine Anleitung hierzu findet sich im Grundlagenteil im Kapitel zu den Accessoires.

121

Gute Besserung!

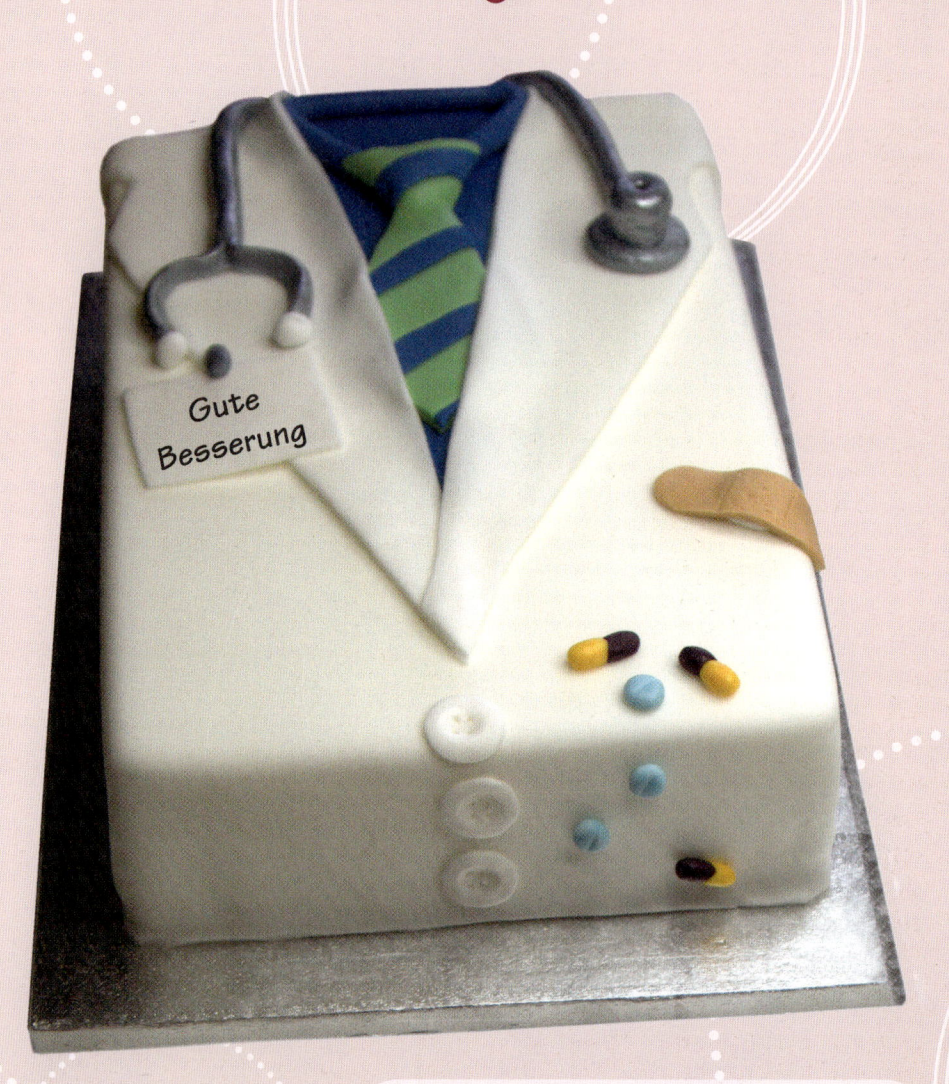

Schwierigkeitsgrad

Zutaten für eine Torte
Tortenbasis: rechteckige Torte mit 30 cm x 20 cm Kantenlänge (Grundrezept 1,5 x)
Zum Eindecken der Tortenbasis: 900 g weißer Rollfondant
Blütenpaste: Weiß: 5 g
Modellierfondant: Blau: 60 g; Grün: 30 g; Weiß: 75 g; Grau: 50 g; etwas Hellblau, Gelb, Lila und Hautfarbe

Arbeitsmaterial
Rollstab, Messer oder Modellierwerkzeug zum Schneiden, Pinsel, Zahnstocher, runder Ausstecher mit 2 cm Durchmesser, Foam Pad, Ball Tool Zuckerkleber, Lebensmittelstift Schwarz, Metallicfarbe Silber

Dekozeit: 2 Std. zzgl. 1 Std. Trockenzeit

ARZTTORTE

1 Die Blütenpaste dünn ausrollen und ein ca. 7 cm x 3 cm großes Rechteck ausschneiden.

2 Das weiße Schild aus Blütenpaste für den Arztkittel in ca. 1 Stunde abtrocknen lassen.

3 30 g blauen Modellierfondant ca. 3 mm dünn ausrollen. Daraus ein ca. 15 cm hohes und am oberen Ende 15 cm breites Dreieck schneiden. Die Spitze des Dreiecks abschneiden.

4 Das Dreieck mit dem Modellierwerkzeug oder einem Messer vorsichtig von der Arbeitsfläche ablösen, damit die Form erhalten bleibt.

5 Das Dreieck an einem der Ränder der Schmalseiten mittig auf den Kuchen legen und mit Zuckerkleber befestigen.

6 Aus ca. 20 g blauem Fondant einen ca. 25 cm langen und 1 cm dicken Strang rollen.

7 Die Mitte des Strangs zuerst am oberen Ende des blauen Dreiecks festkleben.

8 Den Strang auf dem Dreieck ebenfalls zu einem, allerdings kleineren, Dreieck legen.

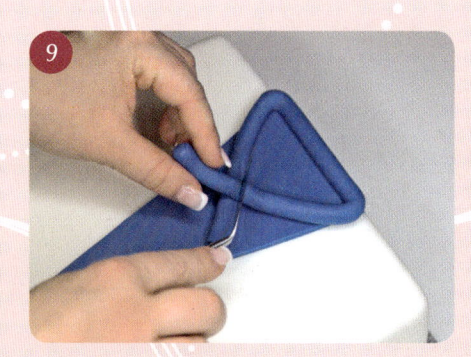

9 Den überschüssigen Fondant an der Schnittstelle unten abschneiden …

WINTER

10 … und die beiden Kragenstränge mit Zuckerkleber an der Torte befestigen.

11 Für die gestreifte Krawatte zuerst den grünen Modellierfondant ca. 20 cm lang, 15 cm breit und 4 mm dick ausrollen.

12 Aus ca. 7 g blauem Fondant fünf jeweils ca. 12 cm lange und 5 mm dicke Stränge formen. Diese auf den grünen Fondant legen.

13 Die blauen Stränge mit dem Rollstab flach rollen, sodass eine glatte Fläche entsteht.

14 Den Fondant so legen, dass die blauen Stränge auf der Krawatte dann etwas schräg liegen. Mit einem Messer oder dem Modellierwerkzeug zum Schneiden eine ca. 15 cm lange Krawatte ausschneiden.

15 Am oberen Ende der Krawatte einen Krawattenknoten ausschneiden.

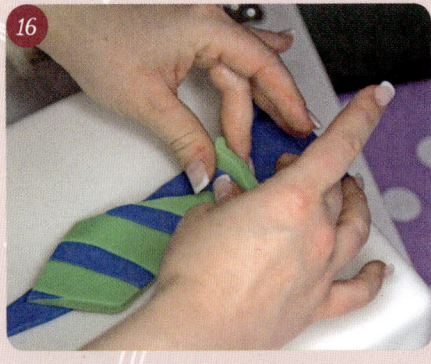

16 Die gestreifte Krawatte auf dem Hemdkragen platzieren …

17 … und mit etwas Zuckerkleber befestigen.

ARZTTORTE

18 Für den Kittelkragen aus 35 g weißem Modellierfondant ein ca. 10 cm breites und 25 cm langes Rechteck ausrollen. An einem langen Ende mit dem Messer oder dem Modellierwerkzeug zum Schneiden ein 3 cm kleines Dreieck herausschneiden, um die Kragenform zu erhalten.

19 Von der unteren Stelle des Dreiecks bis zum gegenüberliegenden unteren Ende den Kittelkragen spitz zuschneiden.

20 Die Reste des weißen Fondants beiseitelegen.

21 Den Kittelkragen auf der Torte etwas über das blaue Hemd kleben. Die Schritte für den zweiten Kragen auf der anderen Seite wiederholen.

22 Auf das inzwischen getrocknete Schild aus Blütenpaste mit dem schwarzen Lebensmittelstift „Gute Besserung" schreiben.

23 Das beschriftete Schild auf dem Arztkittel mit etwas Zuckerkleber befestigen.

24 Aus wenig grauem Fondant eine kleine Anstecknadel formen und diese am Schild ankleben.

25 Für das Stethoskop 30 g grauen Fondant zu einem ca. 30 cm langen Strang rollen.

WINTER

26 Den Strang so um den Kragen des Kittels legen, dass rechts und links gleich lange Stücke liegen. Zunächst oben am Kragen festkleben.

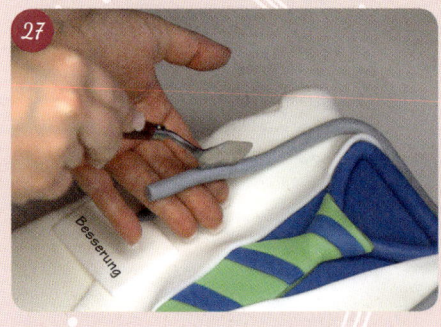

27 Auf der linken Seite das untere Ende des Fondantstrangs mit einem Messer auf einer Länge von 4 cm längs halbieren.

28 Die beiden Hälften auf dem Kittel zu einem U auseinanderlegen.

29 Zwei weiße erbsengroße Kugeln aus Fondant mit Zuckerkleber an den Enden des grauen U befestigen.

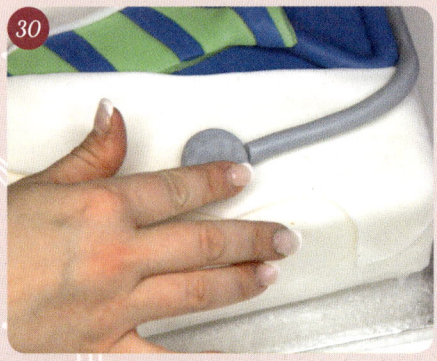

30 Aus etwas grauem Fondant einen platt gedrückten Kreis mit ca. 3 cm Durchmesser formen. Diesen auf der rechten Seite am Ende des Strangs anbringen.

31 Aus dem übrigen grauen Fondant eine haselnussgroße Kugel zwischen den Fingern länglich und auf einer Seite etwas dünner rollen, sodass ein Kegel entsteht.

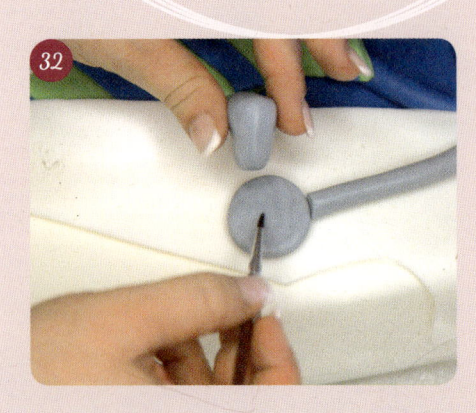

32 Den Kegel mit der dünneren Seite auf den Kreis kleben.

33 Mit einem Zahnstocher in die Mitte ein Loch eindrücken.

34 Das Stethoskop mit der Metallicfarbe anmalen.

ARZTTORTE

35 Für die Knöpfe 5 g weißen Fondant ausrollen und daraus drei Kreise ausstechen.

36 Auf dem Foam Pad mit einem Ball Tool in jeden Knopf eine Vertiefung in der Mitte eindrücken.

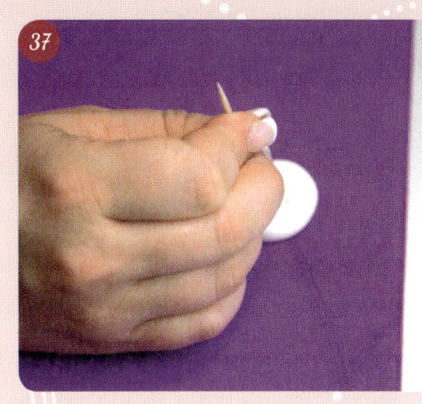

37 Mit dem Zahnstocher in jeden Knopf …

38 … vier kleine Löcher stechen.

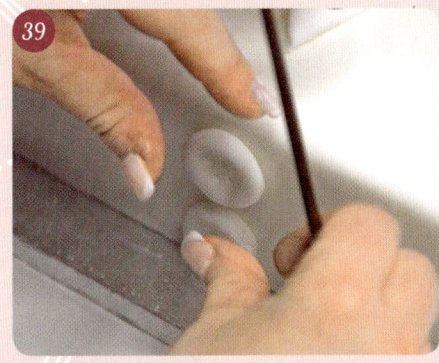

39 Die Knöpfe mittig am unteren Ende und am Rand der Torte mit Zuckerkleber befestigen.

40 Um Tabletten zu formen, aus etwas hellblauem Fondant ca. drei kleine Kugeln formen.

41 Diese dann etwas platt drücken und die Mitte mit einem Zahnstocher eindrücken.

42 Um Kapseln zu formen, je ca. drei gleich große Kugeln aus Gelb und Lila rollen.

43 Immer zwei verschiedenfarbige Kugeln aneinanderdrücken und zwischen den Fingern …

WINTER

44 ... zu einer gleichmäßigen Kapsel formen.

45 Tabletten und Kapseln auf dem Kittel oben und an den Seiten festkleben.

46 Für das Pflaster hautfarbenen Fondant 5–6 cm lang und ca. 2 cm breit ausrollen.

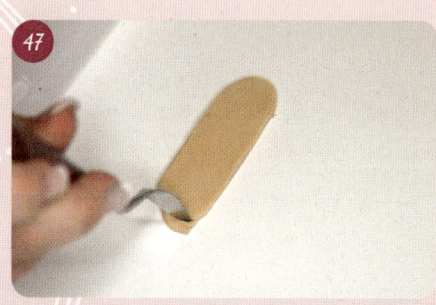

47 Die langen Seiten des Pflasters gerade abschneiden und die beiden Enden abrunden.

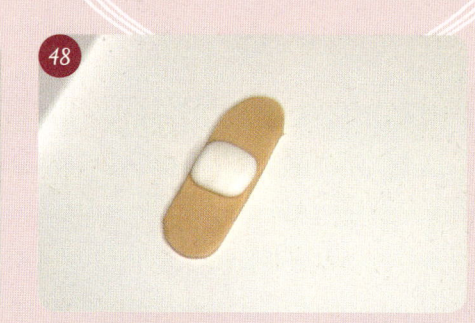

48 In die Mitte des Streifens ein kleines Quadrat aus dem übrigen weißen Fondant kleben.

49 Das Pflaster umdrehen und zwei Striche am Anfang und am Ende des weißen Quadrats einritzen.

50 Zwischen die beiden Striche mit einem Zahnstocher viele kleine Punkte einstechen.

51 Das Pflaster auf den Arztkittel kleben.

Videotipp
Ein Schild beschriften

Gute Besserung

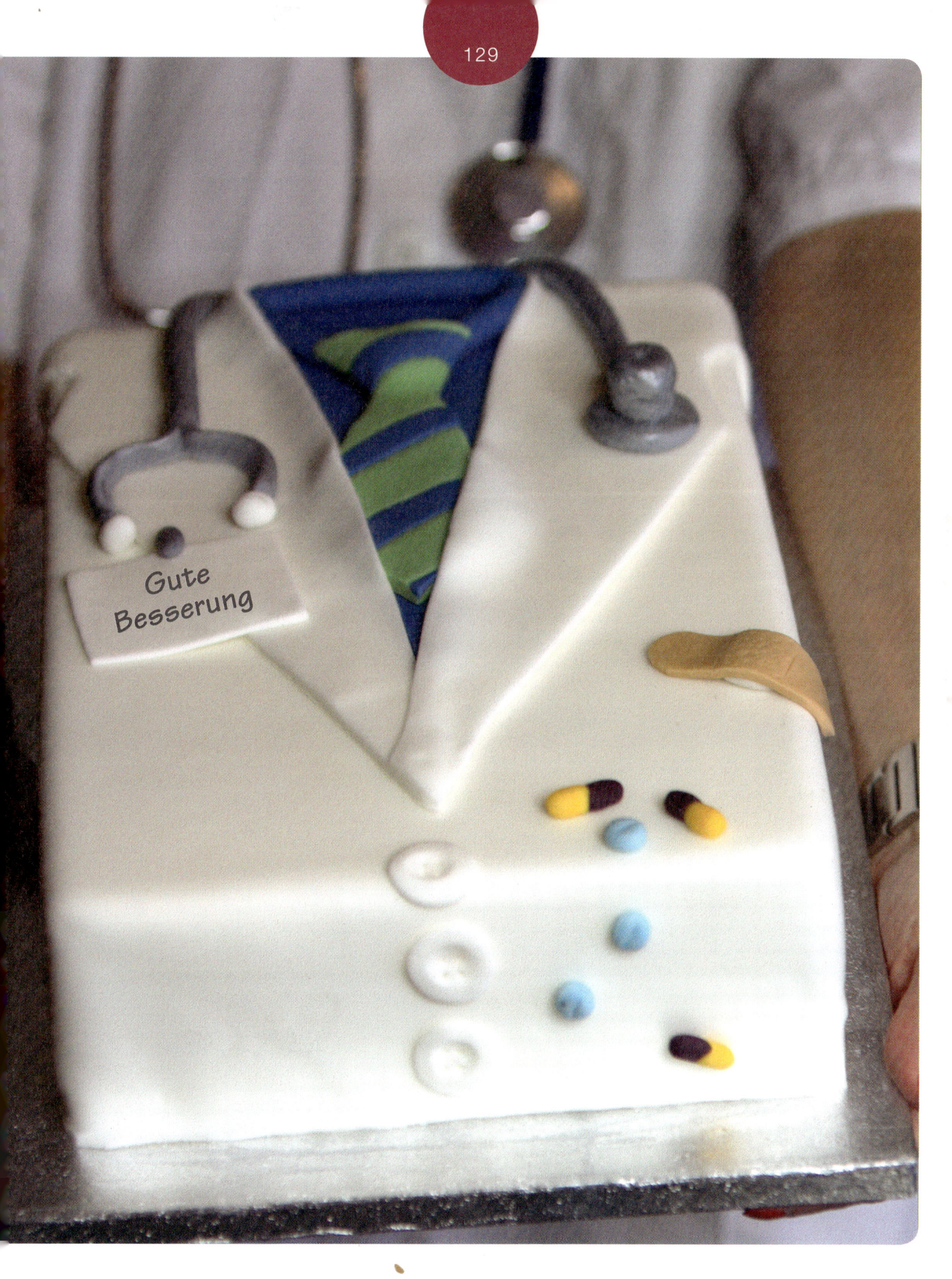

WINTER

Rudolph the red-nosed reindeer ...

Schwierigkeitsgrad

Zutaten für eine Torte
Tortenbasis: Torte mit 26 cm Durchmesser (Grundrezept 1 x)
Zum Eindecken der Tortenbasis: 750 g roter Rollfondant
Modellierfondant: Braun: 100 g; Dunkelbraun: 7 g; etwas Weiß; Schwarz: 20 g; etwas Rot; Grün: 5 g; etwas Blau und Gelb

Arbeitsmaterial
rohe Spaghetti, Pinsel, Taschentuch, Kegel-Modellierwerkzeug, Pinzette, Rollstab, Messer oder Modellierwerkzeug zum Schneiden, Clay Extruder oder Sugarcraft Gun
Zuckerkleber, Metallicfarben Rot, Grün, Blau und Gold

Dekozeit: 3 Std. zzgl. 1 Std. Trockenzeit

RENTIERTORTE

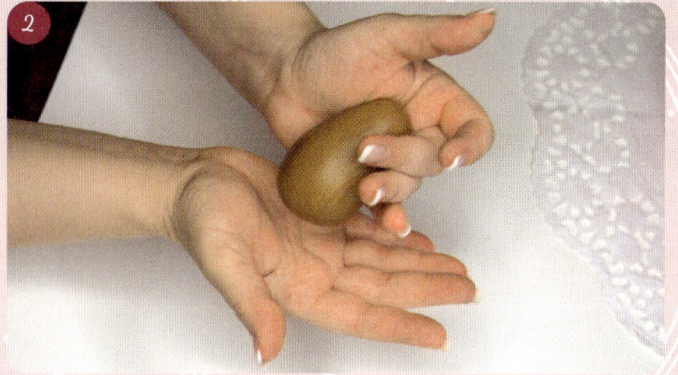

1 Für die Modellierung des Rentiers benötigt man folgende Mengen braunen Modellierfondant: für den Körper 50 g, für den Kopf 30 g, für die Arme 7 g, für die Beine 10 g und für die Ohren 3 g.

2 Den Fondant für den Körper zu einem Tropfen formen und am unteren, am dicken Ende etwas flacher drücken, damit er auf der Torte gerade steht.

3 Ein Stück rohe Spaghetti in Zuckerkleber tauchen oder es damit einstreichen.

4 Mit leichten kreisenden Bewegungen den Spaghetti ganz in den Körper stecken, sodass er oben ca. 1 cm herausschaut. Dabei darauf achten, dass der Spieß nicht zu lang ist, damit er später nicht aus dem Kopf herauskommt.

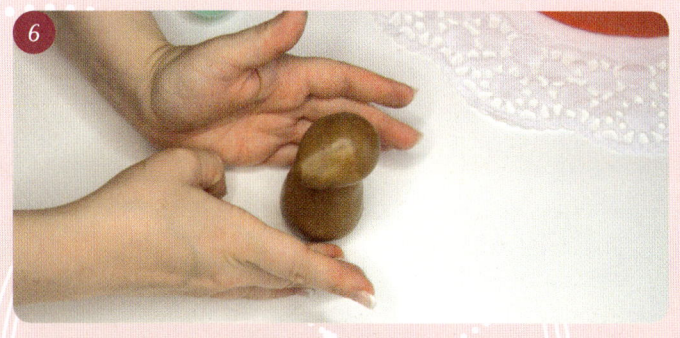

5 Auch der Kopf wird zu einem länglichen Tropfen geformt. Zusammen mit dem Körper ca. 1 Stunde antrocknen lassen.

6 Nachdem der Spaghettiteil, der aus dem Körper ragt, mit Kleber eingestrichen wurde, wird der Kopf aufgesetzt. Sollte der Kopf etwas auf dem Körper kippen, kann er mit einem Taschentuch unten drunter stabilisiert werden.

WINTER

7 Arme und Beine herstellen und ankleben. Dafür die benötigten Fondantmengen halbieren und jeweils länglich formen. Die Gliedmaßen hinten platt drücken und an den Körper kleben. Vorne an den Beinen jeweils den Fuß herausformen.

8 Die Arme so lang formen, dass sie auf den Boden hängen. Hände leicht nach oben biegen.

9 Für die Ohren die entsprechende Menge an braunem Fondant halbieren und zu zwei Tropfen formen. Mit dem Kegel-Modellierwerkzeug …

10 … die Ohrmuscheln des Rentiers in die beiden Fondanttropfen eindrücken.

11 Die Ohren oben seitlich so an den Kopf kleben, dass sie etwas nach unten hängen.

12 Das Geweih aus 5 g dunkelbraunem Fondant formen. Fondant halbieren und zwei je 4 cm lange und 5 mm dicke Stränge formen. Mit der Hinterseite des Kegel-Werkzeugs zwei Einkerbungen in jeden Strang drücken.

13 Ein Stück Spaghetti in Zuckerkleber tauchen und vorsichtig in das erste Geweih drehen. Mithilfe einer Pinzette in den Kopf stecken.

14 Das zweite Fondantgeweih auf die gleiche Weise fertigstellen und dann am Kopf des Rentiers befestigen.

15 Aus dem restlichen dunkelbraunen Fondant fünf kleine Kugeln formen. Vier davon platt drücken und vorne an Füße und Hände kleben.

RENTIERTORTE

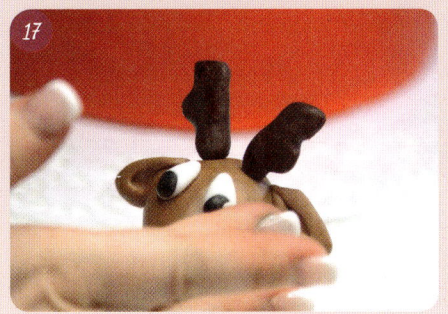

17 Für die Augen etwas weißen Fondant zu zwei kleinen flachen Tropfen formen. Auf dem Kopf ankleben. Kleine schwarze Fondantkügelchen rollen, platt drücken und auf das Weiß der Augen kleben.

18 Weiter geht es mit jeweils zwei klitzekleinen Pünktchen aus weißem Fondant, die in das Schwarz der Augen geklebt werden. So kann man das Schimmern der Augen wiedergeben.

19 Für Rudolphs Nase eine kleine Kugel aus rotem Modellierfondant rollen und ankleben.

20 Für den Schal aus etwas grünem Fondant einen ca. 15 cm langen Strang formen.

21 Den Strang platt rollen und in die Enden mit einem Messer Fransen einschneiden.

22 Den Schal um den Hals des Rentiers wickeln …

23 … und gegebenenfalls in der Mitte etwas festkleben.

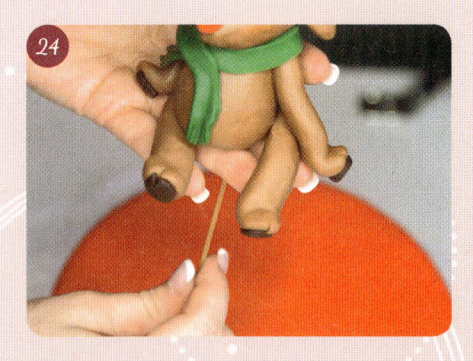

24 Einen rohen Spaghetti vorsichtig in die Figur stecken und das Rentier auf der Torte befestigen.

WINTER

25 Aus gut 15 g schwarzem Fondant einen dünnen Strang rollen. Dies kann auch mit einem Clay Extruder oder einer Sugarcraft Gun erfolgen.

26 Die Kette dekorativ über die ganze Torte legen. Die Kette kann auch an den Seiten der Torte herunterhängen.

27 Die schwarze Fondantkette dabei dann auch über das Rentier legen. Das sieht besonders effektvoll aus.

28 Am Hinterteil des Rentiers ein Schwänzchen aus dem noch übrigen dunkelbraunen Fondant ankleben.

29 Kleine rote, grüne, blaue und gelbe Fondantkugeln für die Glühbirnen rollen.

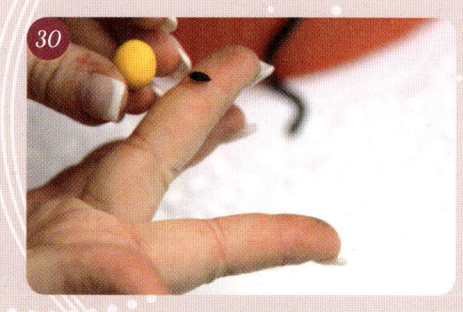

30 Aus wenig schwarzem Fondant werden kleine Fassungen für die Glühbirnen gedreht.

31 Die Fassungen an die Glühbirnen kleben.

32 Dann die Kugeln an die Lichterkette kleben.

33 Die Kugeln mit den entsprechenden Metallicfarben anmalen.

Videotipp
So arbeitet man mit Metallicfarben.

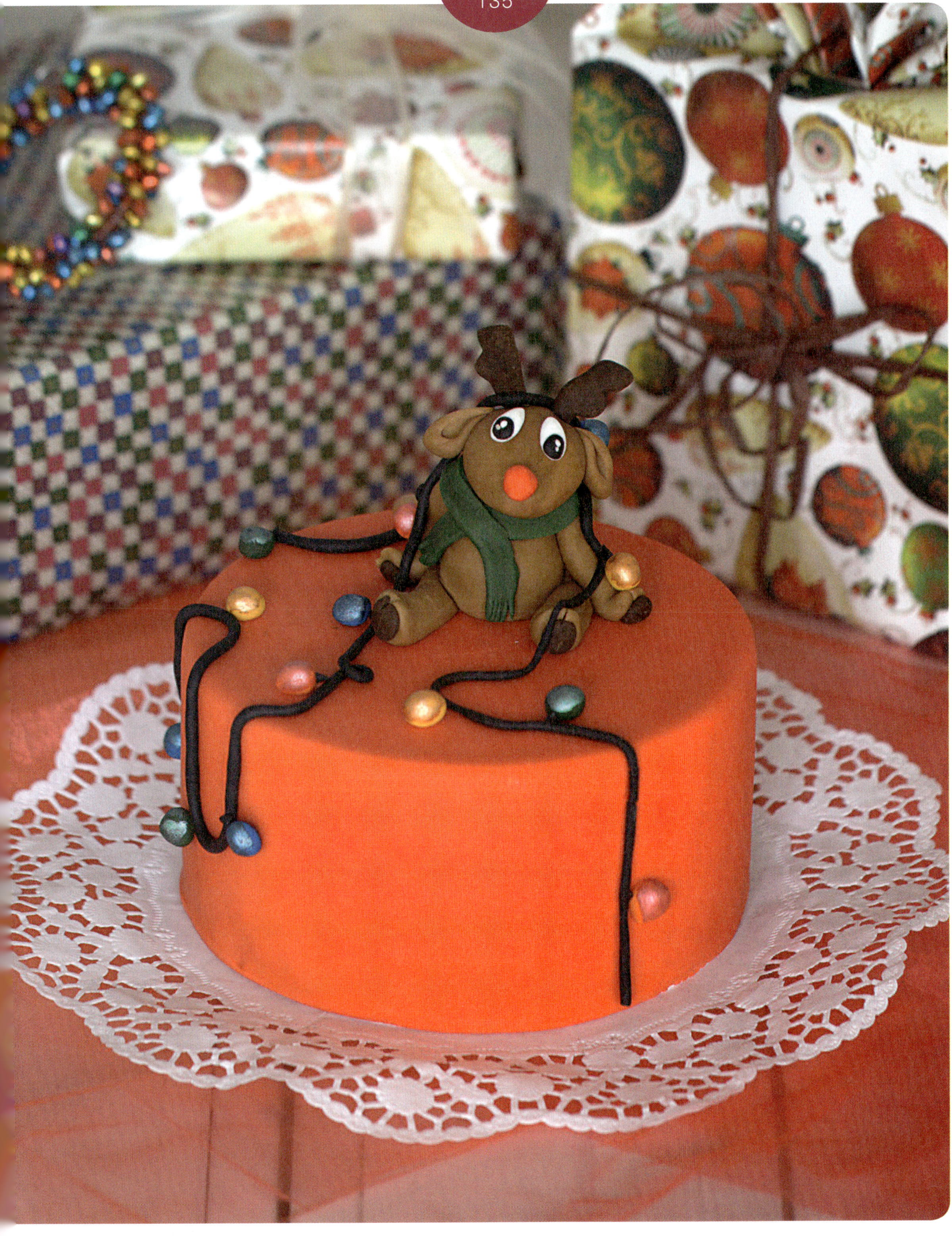

WINTER

Weihnachtsduft liegt in der Luft

Schwierigkeitsgrad

Zutaten für eine Torte
Tortenbasis: Torte mit 26 cm Durchmesser (Grundrezept 1 x)
Zum Eindecken der Tortenbasis: 750 g dunkelgrüner Rollfondant
Modellierfondant: Rot: 200 g; Braun: 20 g

Arbeitsmaterial
Rollstab, Calla-Ausstecher mit Präger oder Herzausstecher, Zahnstocher, Messer oder Modellierwerkzeug zum Schneiden, Taschentücher, Pinsel, Pinzette, weihnachtliches Satinband und eine Stecknadel Zuckerkleber, ca. zwölf goldene Zuckerperlen

Dekozeit: 2 Std. zzgl. 2 Std. Trockenzeit

WEIHNACHTSSTERNTORTE

1. Den roten Modellierfondant mit dem Rollstab ausrollen.

2. Die Blütenblätter werden mithilfe eines Calla-Ausstechers mit Präger oder eines Herzausstechers ausgestochen.

3. 1. Variante: Blütenblätter mit Calla-Ausstecher

4. Zwölf bis 14 Blüten mithilfe des Ausstechers …

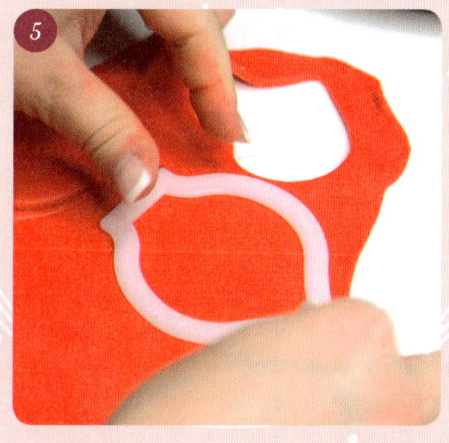

5. … aus dem roten Fondant ausstechen.

6. Den Fondant rund um die Blüten abziehen.

7. Mit einem Präger Struktur auf jedes Blütenblatt drücken.

8. Alternativ mit einem Zahnstocher Blattadern einzeichnen.

WINTER

9 Das erste Blütenblatt hochnehmen und am dickeren Ende nach oben zusammendrücken. Die Struktur zeigt nach oben.

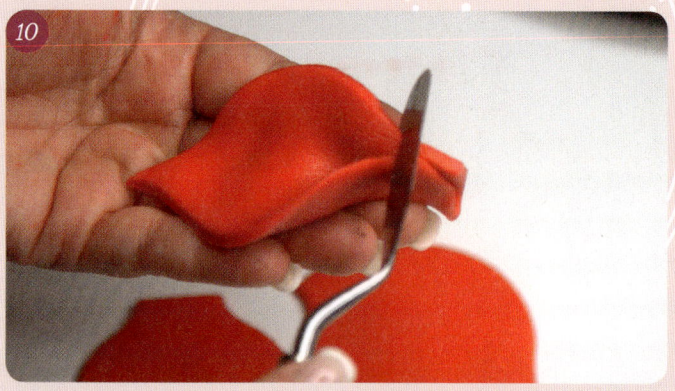

10 Das Blatt am hinteren Ende kürzen, damit alle Blätter später gleichmäßig und nah beieinander zusammengesetzt werden können.

11 Das Blütenblatt am Ende nochmals zusammendrücken. Auf diese Weise die übrigen Blätter herstellen.

12 2. Variante: Blütenblätter mit Herzausstecher. Auch damit werden zwölf bis 14 Blätter ausgestochen.

13 Jedes Herz mit Struktur versehen und nach dem Ausstechen etwas spitzer und länglicher formen.

14 Die weitere Herstellung der Blütenblätter verläuft genauso wie mit dem Calla-Ausstecher.

WEIHNACHTSSTERNTORTE

15

Die Blütenblätter am besten über Taschentuchringen ca. 2 Stunden trocknen lassen.

Tipp Lässt man alle Blütenblätter über Nacht über Taschentuchringen trocknen, behalten sie noch besser eine natürliche Form.

16

Am äußeren Rand der Torte entlang einen dicken Streifen Zuckerkleber auftragen.

17

Die Blätter nebeneinander in einem äußeren Kreis auf die Torte legen.

18

Die Spitzen berühren den Tortenrand und die Blütenblätter liegen an ihren Rändern aneinander.

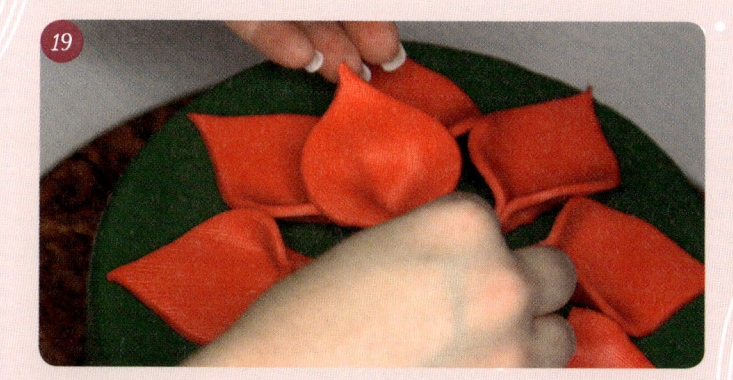

19

Die zweite, also die innere Reihe der Blütenblätter versetzt zwischen die Blätter der äußeren Reihe legen und mit Zuckerkleber festkleben.

20

Die Blütenblätter des inneren Rings sollen ungefähr so positioniert werden, dass sie halb über denen des äußeren Blätterrings liegen.

WINTER

21 Aus dem braunen Modellierfondant eine Kugel formen.

22 Die Fondantkugel in der Mitte des Weihnachtssterns mit Zuckerkleber befestigen.

23 Zuckerkleber rundum auf die Kugel auftragen.

24 Auf die braune Kugel goldene Zuckerperlen aufkleben.

25 Eine Pinzette erleichtert das Anbringen der Perlen.

26 Ein weihnachtliches Satinband in der Länge des Tortenumfangs abmessen und kürzen.

27 Das Band unten um die Torte legen und die überlappenden Enden mit einer Stecknadel feststecken.

Videotipp
Eine Variante: Sonnenblumentorte

141

Register

Rezepte:

Biskuitrezept, Oma Klaras	7
Blütenpaste	10
Buttercreme	9
Creme, (Erdbeer-)	8
Eiweißspritzglasur	10, 19
Erdbeercreme	8
Fondant	9, 10
Ganache (Schokolade)	8
Modellierfondant	10
Oma Klaras Biskuitrezept	7
Rollfondant	9
Schokoladenganache	8
Sprudelkuchen nach Oma Linchen	6
Zebrakuchen	7
Zuckerkleber	10

Equipment:

Ausstecher	11, 12
Auswerfer	12
Backformen	13
Backmatte	11, 16, 17, 18
Ball Tool	11
Bambusstäbe	13, 18, 19
Buchstabenausstecher	12
Cake Card	13, 18
Cel Board	12
Clay Extruder	13
CMC-Pulver	12
Drehteller	11
Floristenband	11
Floristendraht	11
Foam Pad	11
Giant-Cupcake-Backform	13
Glätter	11, 17, 18
Herzbackfom	13
Kohlebleistift	13, 18, 19
Kokosfett	10, 11, 18
Lebensmittelfarbe	11, 15, 16
Lebensmittelspray	12
Lebensmittelstift	12
Lineal	12, 17
Modellierwerkzeug Kamm	13
Modellierwerkzeug Kegel	13
Modellierwerkzeug Schneiderad	13
Modellierwerkzeug zum Schneiden	11
Nudelholz	11
Pinsel	11
Pinzette	13
Plexiglasscheibe	18
Randverzierungsausstecher	12
Rollstab	11
Rosenblattausstecher	11
Satinbänder	12, 22
Schablonen	12
Schaumstoffunterlage	11
Silikonform Baby	13
Spaghetti	11, 21
Springformen	13
Stecknadeln	12, 20, 22
Styroporblock	13
Sugarcraft Gun	13
Unterlage	11, 17
Zahnstocker	11, 15, 21
Zuckerperlen	12
Zwirn	13, 14

REGISTER

Techniken:

durchschneiden	14
eindecken	16
einfärben, Fondant	15
einganachieren	15
Fondant einfärben	15
füllen, Tortenböden	14
stapeln, Torten	18
Tortenböden füllen	14
Torten stapeln	18

Accessoires:

Couchmuster	24
Schleife	23
Weihnachtsmütze	25

Tipps und Tricks:

Farben ändern	22
Figuren aufbewahren	21
Flecken entfernen	21
Fondant aufbewahren	21
Kühlschrank	21
Luftblasen entfernen	20
Planung	20
Risse flicken	20
Stabilisieren von Figuren	21
Torte aufbewahren	21
Umgang mit dem Cake Board	22

Videoverzeichnis:

Alternative: Calla für die Hochzeitstorte	84
Auf Fondant malen	96
Ausstecher verwenden, filigrane	120
Blätter für eine Ranke	74, 84
Calla für die Hochzeitstorte, Alternative	84
Couchmuster leicht gemacht!	24, 40
durchschneiden leicht gemacht, Kuchen	14
Efeublätter für eine Ranke	74, 84
eindecken leicht gemacht, runden Kuchen	18
eindecken, Kuchen in Herzform	18, 90
Eine Schleife aus Fondant modellieren	23, 32
Eine Variante: Sonnenblumentorte	140
Einganachieren leicht gemacht!	15
Ein Schild beschriften	128
Filigrane Ausstecher verwenden	120
Fondant glätten	17
Große Schleifen modellieren	40
Herzform eindecken, Kuchen in	18, 90
Kuchen durchschneiden leicht gemacht!	14
Kuchen in Herzform eindecken	18, 90
Lebensmittelspray richtig verwenden	56
malen, auf Fondant	96
Metallicfarben, so arbeitet man mit	134
Rosen ganz einfach, so gelingen	84
Runden Kuchen eindecken leicht gemacht!	18
Schild beschriften, ein	128
Schleife aus Fondant modellieren, eine	23, 32
Schleifen modellieren, große	40
Schuhe modellieren	110
Silikonform, so verwendet man eine	40
So arbeitet man mit Metallicfarben	134
So gelingen Rosen ganz einfach	84
Sonnenblumentorte, eine Variante	140
So verwendet man eine Silikonform	40
Willkommen in der Welt des Cake Designs!	4
Zebrakuchen leicht gemacht!	7

Abkürzungsverzeichnis:

EL	Esslöffel	g	Gramm	mm	Millimeter
TL	Teelöffel	ml	Milliliter	Std.	Stunde
kg	Kilogramm	cm	Zentimeter	Min.	Minute

Dankesworte der Autorin

Ein ganz besonderer Dank geht an meine Mama, die mich bei all meinen verrückten Ideen tatkräftig unterstützt und stets ein offenes Ohr für mich hat. Ohne sie wäre dieses Buch nie entstanden.

Weiterhin möchte ich mich bei meiner Schwester Sabine und meinem Schwager Kai für die Ratschläge und Ermutigungen und bei meiner Oma für all die Inspirationen bedanken.

Dankeschön an Heike Giesler für die wundervollen Bilder, an Monika Matzat für die Bereitstellung des Fondantrezeptes sowie an Jessica und die Jungs für ihren Einsatz. Nicole, Heike, Deborah, Julia H.-C., Julia S., Julia D. und Benjamin, die in den letzten Jahren immer an mich geglaubt haben, möchte ich nicht unerwähnt lassen.

Vielen Dank an den Compact Verlag und besonders an Isabel Martins, die aus all meinen Ideen ein wunderschönes Werk gezaubert haben.

Danke für alles!

Über die Autorin

Stefanie Noé, Jahrgang 1985, ist als Bloggerin unter dem Namen Crazy BackNoé bekannt. In ihrem Blog unter crazybacknoe.blogspot.de stellt sie ausgefallene Torten, Cupcakes oder Cake Pops vor, die sie mit viel Liebe und Leidenschaft backt und dekoriert. Auch aus den Medien ist sie bekannt; so gab es Beiträge über sie im SWR und HR oder in diversen Zeitschriften. Auch an der VOX Tortenschlacht hat sie teilgenommen.

Stefanie ist von Beruf Dipl.-Chemikerin und Lehrerin für die Fächer Chemie und Physik. In ihrer Freizeit steht sie aber am liebsten in der Küche und experimentiert für neue Kreationen. Während eines Auslandssemesters in Edinburgh (Schottland) 2009 fand sie an ihrer Bushaltestelle zur Universität einen Motivtortenladen. Sie war sofort begeistert von einer zweistöckigen Louis-Vuitton-Koffer-Hochzeitstorte und versprach ihrer Schwester, ihr diese Torte zur Hochzeit zu backen. Und das war der Beginn einer großen Leidenschaft. Seit 2011 beschäftigt sie sich intensiv mit der Tortendekorationskunst und hat bereits über 200 verschiedene Motivtorten umgesetzt. Ihr Wissen gibt sie seit 2013 in regelmäßig stattfindenden Kursen weiter.